月　日

合格点 80点
得点　点
解答 ➡ P.71

1 小学校で習った漢字の復習①

1 次の――線の漢字の読みがなを

(1) 農業を営む。
(2) 易しい問題から解く。
(3) 流れに逆らって泳ぐ。
(4) 外出を禁止する。
(5) 重い責任を負う。
(6) 電車の中が混雑する。
(7) 山桜がさく。
＊「桜」の読みは、上の語とむすびつき、発音が変わる。（連濁《れんだく》という。）
(8) 考えを主張する。
(9) 再来年の春。
(10) 消費税をはらう。

カタカナを漢字に直しなさい。（6点×10）

(1) …ぶ。
(2) 友人に本をカりる。
(3) 妹の誕生日をイワう。
(4) 実験がセイコウする。
(5) ベンリな道具を使う。
(6) 国語ジテンを引く。
(7) ヤクソクは必ず守る。
(8) ツアーにサンカする。
(9) 梅がマンカイになる。
＊花がすっかりひらくこと。
(10) センキョを行う。

2 小学校で習った漢字の復習②

合格点 80点

得点　　点

解答 ➡ P.71

1 例にならって、次の□に共通する部首を入れ、二字の熟語を完成させて、その読みがなを書きなさい。（5点×8）

例 □罙□毎 → 深海 〔しんかい〕

(1) □月□音 → 〔　　〕

(2) □西□直 → 〔　　〕

(3) 咸□相□ → 〔　　〕

(4) □直□寸 → 〔　　〕

(5) □于□由 → 〔　　〕

(6) □甬□咼 → 〔　　〕

(7) □右□枼 → 〔　　〕

(8) □主□复 → 〔　　〕

---

2 例にならって、中央の□に漢字を書き、二字の熟語になるようにしなさい。（10点×6）

例 完・安 → 全 → 体・力（安全・完全・全力・全体）

(1) 予・学 → □ → 慣・字

(2) 対・解 → □ → 勝・心

(3) 場・住 → □ → 属・有

(4) 行・前 → □ → 化・歩

(5) 逆・回 → □ → 校・落

(6) 原・材 → □ → 理・金

月　日

3 小学校で習った漢字の復習③

合格点 80点

得点　　点

解答 ➡ P.71

1 次の――線の漢字の読みがなを書きなさい。（4点×10）

(1) 助けを求める。〔　〕

(2) 貧しい少年時代。〔　〕

(3) 豊かな自然を守る。〔　〕

(4) 肉を加工する。〔　〕

(5) 周囲を見回す。〔　〕

(6) 傷口を消毒する。〔　〕

(7) 足の骨を折る。〔　〕

(8) 銀河を眺める。〔　〕

(9) 乗車券を買う。〔　〕

(10) 文化財に指定される。〔　〕

2 次の――線のカタカナを漢字に直しなさい。（6点×10）

(1) 不思議なユメを見る。〔　〕

(2) 大きな声でワラう。〔　〕

(3) 牧場で羊がムれる。〔　〕

(4) 新聞をインサツする。〔　〕

(5) サンミャクが連なる。〔　〕

(6) 太い木のミキ。〔　〕

(7) ケワしい顔つきになる。〔　〕

(8) 作曲家をココロザす。〔　〕

(9) ハンザイを防ぐ。〔　〕

(10) 銀行にヨキンをする。〔　〕

月　日

4 小学校で習った漢字の復習④

合格点 80点

得点　点

解答 ➡ P.71

1 例にならって次の漢字を並べかえ、四字の熟語を完成させて、その読みがなを書きなさい。（7点×8）

例 通全安交→交通安全〔こうつうあんぜん〕

(1) 発究表研→〔　〕

(2) 天予気報→〔　〕

(3) 業書証卒→〔　〕

(4) 星衛人工→〔　〕

(5) 然保自護→〔　〕

(6) 伝能芸統→〔　〕

(7) 因明不原→〔　〕

(8) 理大総臣→〔　〕

2 次の各組の□には、同じ漢字が入ります。熟語となる漢字をあとから選んで、書きなさい。（4点×11）

(1) □提　内□ 〔　〕

(2) 開□　□計 〔　〕

(3) 結□　□実 〔　〕

(4) □特　業□ 〔　〕

(5) □国　族□ 〔　〕

(6) □気　力□ 〔　〕

(7) 情□　□湯 〔　〕

(8) □反　略□ 〔　〕

(9) □公　虫□ 〔　〕

(10) 単□　□立 〔　〕

(11) □予　災□ 〔　〕

害　省　設　独　案　圧
防　産　熱　果　民

月　日

5 小学校で習った漢字の復習⑤

合格点 80点
得点　点
解答 ➡ P.71

1 次の——線の漢字の読みがなを書きなさい。（4点×10）

(1) 悪事が**横行**する。 ＊よくないことが平気で行われること。［　］

(2) **岐阜**に出張する。［　］

(3) **屋内**の練習場。［　］

(4) その**類**の話は知らない。［　］

(5) **雨音**が激しくなる。［　］

(6) **埼玉**大学に合格する。［　］

(7) **有益**な話を聞く。［　］

(8) 音程を**外**す。［　］

(9) **熊本城**を修復する。［　］

(10) ひなを**育**む。［　］

2 次の——線のカタカナを漢字に直しなさい。（6点×10）

(1) **ギャクテン**の発想をする。［　］

(2) **シュウカンシ**を買う。［　］

(3) 道路の**カクチョウ**工事。［　］

(4) **ハデ**な服を着る。［　］

(5) 地球の**オンダン**化。［　］

(6) **イギ**を申し立てる。 ＊反対の意見。［　］

(7) **コウスイ**の匂いがする。［　］

(8) **ナラ**公園の鹿は有名だ。［　］

(9) ほんの**ジョ**の口だ。［　］

(10) **オキ**まで泳ぐ。［　］

月　日

6 漢字の読み①

合格点 80点
得点　　点

解答 ➡ P.71

1 次の――線の漢字の読みがなを書きなさい。（5点×10）

(1) 見聞を広める。〔　　〕

(2) 使者を派遣する。〔　　〕

(3) 母の長い小言に閉口する。〔　　〕
＊困ってしまうこと。

(4) 幼稚な言い訳だ。〔　　〕

(5) 絶妙のタイミングだ。〔　　〕

(6) 知識が抜け落ちる。〔　　〕

(7) 合格の吉報を待つ。〔　　〕
＊喜ばしい知らせ。

(8) 近況を手紙で伝える。〔　　〕

(9) ガラスの破片が散る。〔　　〕

(10) 威力の大きな武器。〔　　〕

2 次の――線の漢字の読みがなを書きなさい。（5点×10）

(1) 気持ちを抑える。〔　　〕

(2) 庭に桃の花が咲く。〔　　〕

(3) 誰もいない部屋。〔　　〕

(4) 杉の苗木を植える。〔　　〕

(5) パイプ椅子に座る。〔　　〕

(6) 深い闇に包まれる。〔　　〕

(7) 花曇りの空を見上げる。〔　　〕

(8) 背丈が伸びる。〔　　〕

(9) 若者たちの歓声が上がる。〔　　〕

(10) 棚に品物を並べる。〔　　〕

月　日

7 漢字の読み②

合格点 80点
得点　　点
解答 ➡ P.71

1 次の――線の漢字の読みがなを書きなさい。（5点×10）

(1) 鋭利な刃物で切る。
＊「鋭」は「するどい」。

(2) もう後に戻れない。

(3) 即席ラーメンを作る。

(4) 煎茶をいただく。

(5) 不況が長引く。

(6) 腎臓を病む。

(7) 象牙を売買する。

(8) これは厄介な問題だ。

(9) 白い便箋を買う。

(10) 近畿地方が梅雨に入る。

2 次の――線の漢字の読みがなを書きなさい。（5点×10）

(1) 雨上がりに虹が出る。

(2) 墨汁をこぼした。

(3) 宇宙解明の鍵は何か。

(4) 斬新なデザインだ。

(5) 劇でお姫様の役をする。

(6) 次は俺の番だ。

(7) 峠の茶店で休む。

(8) 地殻の変動を学習する。

(9) 魂のこもった作品だ。

(10) 大きな歩幅で歩く。

月　日

8 漢字の書き①

合格点 80点
得点 点

解答 ➡ P.72

1 次の——線のカタカナを漢字に直しなさい。（5点×10）

(1) ショカの明るい日差し。〔　〕
(2) 多くの人のシジを得る。〔　〕
(3) 日本の伝統ゲイノウ。〔　〕
(4) 農業にジュウジする。〔　〕
(5) 重要なニンムを負う。〔　〕
(6) 栄養シッチョウになる。〔　〕
(7) 塩分をカゲンする。〔　〕
(8) 生活シュウカンを見直す。〔　〕
(9) 内容をよくケントウする。〔　〕
(10) 祝賀会にショウタイする。〔　〕

2 次の——線のカタカナを漢字に直しなさい。（5点×10）

(1) 針のアナに糸を通す。〔　〕
(2) 長い年月をへる。〔　〕
(3) いちごガりに行く。〔　〕
(4) オサナなじみの女の子。〔　〕
(5) 体育祭が雨でノびた。〔　〕
(6) テーブルにサラを並べる。〔　〕
(7) 家でハムスターをカう。〔　〕
(8) みんなの期待にコタえる。〔　〕
(9) 命のトウトさを考える。〔　〕
＊「たっとさ」とも言う。
(10) 活動のカナメとなる人物。〔　〕

月　日

9 漢字の書き②

合格点 80点
得点 　点
解答 ➡ P.72

1 次の――線のカタカナを漢字に直しなさい。（5点×10）

(1) **ゴカイ**を招くような言動。〔　〕
(2) 道路の**カイシュウ**工事。〔　〕
(3) **ヒョウバン**のよい店。〔　〕
(4) **ジシャク**で砂鉄を集める。〔　〕
(5) **ジョウケン**に合った土地。〔　〕
(6) それは**センコク**承知だ。〔　〕
(7) **ガイトウ**で演説する。〔　〕
(8) **ヒョウコウ**三千メートル。〔　〕
(9) **ザユウ**の銘を書く。〔　〕
＊心にとめて自分のいましめとする言葉。
(10) 白組が**ユウショウ**した。〔　〕

2 次の――線のカタカナを漢字に直しなさい。（5点×10）

(1) **ツクエ**の上を整理する。〔　〕
(2) 山の**イタダキ**に雪が残る。〔　〕
(3) 植木の**カブ**分けをする。〔　〕
(4) **イズミ**がわき出る。〔　〕
(5) インダス川の**ミナモト**。〔　〕
(6) 焼き**ハタ**農業をする。〔　〕
(7) **カイコ**から絹を取る。〔　〕
(8) **エンドウ**で旗をふる。〔　〕
＊道にそった所。
(9) みかんを**ハコ**に入れる。〔　〕
(10) **キヌ**には光沢がある。〔　〕

月　日

10 漢字の音と訓

合格点 80点
得点 点

解答 ➡ P.72

1 次の――線の漢字の読みがなを書きなさい。（4点×14）

(1) A **色紙**にサインをする。 B **色紙**を折る。〔　〕〔　〕

(2) A **一時**しのぎの処置。 B 楽しい**一時**を過ごす。〔　〕〔　〕

(3) A 地球上の**生物**。 B **生物**は早く食べる。〔　〕〔　〕

(4) A **市場**調査を行う。 B 魚**市場**に行く。〔　〕〔　〕

(5) A **人事**異動がある。 B 天災は**人事**ではない。〔　〕〔　〕

(6) A **初日**の出足はよい。 B 山頂で**初日**を拝む。〔　〕〔　〕

(7) A オランダの**風車**。 B **風車**を手に持つ。〔　〕〔　〕

2 次の――線のカタカナ（訓読み）を漢字に直して並べると、〔　〕内の音読みの熟語になります。その熟語を書きなさい。（4点×11）

(1) **オオ**きな**キ**がある。〔タイボク〕〔　〕

(2) **アタラ**しいことを**キ**く。〔シンブン〕〔　〕

(3) **イエ**の**ニワ**に集まる。〔カテイ〕〔　〕

(4) **マエ**と**ウシ**ろに注意。〔ゼンゴ〕〔　〕

(5) **ス**んでいる**ヒト**たち。〔ジュウニン〕〔　〕

(6) **シナ**を**オサ**める。〔ノウヒン〕〔　〕

(7) **アタタ**かい**フユ**です。〔ダントウ〕〔　〕

(8) **オギナ**い**ツヨ**くする。〔ホキョウ〕〔　〕

(9) **ウデ**の**チカラ**は弱い。〔ワンリョク〕〔　〕

(10) **ミナト**に**カエ**る。〔キコウ〕〔　〕

(11) **オモ**い**キズ**を受ける。〔ジュウショウ〕〔　〕

11 漢字の組み立て①
（部首と部首名）

合格点 80点　得点　点

解答➡P.72

1 次の部首の種類にあてはまる漢字をあとから一つ選んで□に書き、その部首名を〔　〕に書きなさい。（4点×14）

(1) へん　□〔　　〕

(2) つくり　□〔　　〕

(3) かんむり　□〔　　〕

(4) あし　□〔　　〕

(5) たれ　□〔　　〕

(6) にょう　□〔　　〕

(7) かまえ　□〔　　〕

＊ほかに、などがある。

店　進　割　国　悲　体　草

2 次の――線の太字の漢字の読みがなを書きなさい。（熟語は、共通の部首の漢字を組み合わせたものです。）（4点×11）

(1) 代々伝わる**家宝**。〔　　〕

(2) 学校まで**近道**を行く。〔　　〕

(3) とびらを**開閉**する。〔　　〕

(4) **熱烈**に歓迎する。〔　　〕

(5) **鋼鉄**のように固い。〔　　〕

(6) **郡部**にも道路が通じる。〔　　〕

(7) **清潔**を心がける。〔　　〕

(8) **漁港**に船が入る。〔　　〕

(9) 活発な**討論**をする。〔　　〕

(10) **恩恵**をこうむる。〔　　〕

(11) **雪雲**が空をおおう。〔　　〕

12 筆順と画数

合格点 80点
得点　　点

解答 ➡ P.72

1 次の漢字で、赤字の部分は何画目に書きますか。漢数字で答えなさい。（4点×10）

(1) 有〔　　画目〕
(2) 左〔　　画目〕
(3) 何〔　　画目〕
(4) 報〔　　画目〕
(5) 飛〔　　画目〕
(6) 弟〔　　画目〕
(7) 取〔　　画目〕
(8) 方〔　　画目〕
(9) 安〔　　画目〕
(10) 処〔　　画目〕

2 次の漢字の総画数を算用数字で答えなさい。（3点×20）

(1) 配〔　　〕
(2) 級〔　　〕
(3) 鑑〔　　〕
(4) 丘〔　　〕
(5) 雅〔　　〕
(6) 均〔　　〕
(7) 媛〔　　〕
(8) 鮮〔　　〕
(9) 刺〔　　〕
(10) 企〔　　〕
(11) 繕〔　　〕
(12) 索〔　　〕
(13) 釈〔　　〕
(14) 壊〔　　〕
(15) 換〔　　〕
(16) 遺〔　　〕
(17) 迎〔　　〕
(18) 幾〔　　〕
(19) 潟〔　　〕
(20) 需〔　　〕

月　日

13 漢字の成り立ち①（象形・指事）

合格点 80点
得点 　点
解答 ➡ P.72

1 次の——線の漢字の読みがなを書きなさい。（5点×10）

(1) 盾と矛を並べて売る。〔　〕
(2) 魚眼レンズで見る。〔　〕
(3) 羽毛のふとんで寝る。〔　〕
(4) 鼻水をぬぐう。〔　〕
(5) 彼は竹馬の友です。〔　〕
(6) お互いに顔を見合わせる。〔　〕
(7) 川下に行く。〔　〕
(8) 牛馬のように働く。〔　〕
(9) 門を開放する。〔　〕
(10) 亀の甲より年の功〔　〕

＊問題の漢字は、すべて象形《しょうけい》文字（物の形をかたどったもの）。

2 絵では示しにくい事柄を、点や線などの記号で表したものが指事文字です。次の——線のカタカナの指事文字を漢字に直しなさい。（5点×4）

(1) ヒャク円玉を拾う。〔　〕
(2) 十月もスエになった。〔　〕
(3) 人の頭上に広がるテン空。〔　〕
(4) ジョウゲに印をつける。〔　〕

3 次の——線のカタカナの象形文字を漢字に直しなさい。（5点×6）

(1) 動物のヒツジ。〔　〕
(2) テガタナを切る。〔　〕
(3) ユミヤを放つ。〔　〕
(4) ミミが痛い話だ。〔　〕
(5) オカの上に立つ。〔　〕
(6) ツノが生える。〔　〕

月　日

14 まとめテスト①

合格点 80点
得点　　点
解答 ➡ P.72

1 次の――線の漢字の読みがなを書きなさい。（4点×10）

(1) 闇に光るホタル。〔　　〕
(2) 曇天の日が続いている。〔　　〕
(3) 密閉された部屋。〔　　〕
(4) 足を負傷する。〔　　〕
(5) 群馬県の富岡製糸場。〔　　〕
(6) 代表選手を招待する。〔　　〕
(7) 斬新なアイデアだ。〔　　〕
(8) 水墨画に感動する。〔　　〕
(9) 鍵のかかった部屋。〔　　〕
(10) 社員を派遣する。〔　　〕

2 次の――線のカタカナを漢字に直しなさい。（6点×10）

(1) インサツ物を配る。〔　　〕
(2) 無形ブンカザイとなる。〔　　〕
(3) ジョウカマチを歩く。〔　　〕
(4) 地球オンダン化の対策。〔　　〕
(5) アナがあったら入りたい〔　　〕
(6) 「イギ有り」の声。〔　　〕
(7) ジョロンが長い気がする。〔　　〕
(8) あの人は学級のカナメだ。〔　　〕
(9) 高いヒョウバンの弁護士。〔　　〕
(10) 友の考えをシジする。〔　　〕

月　日

15 漢字の読み③

合格点 80点
得点　点
解答 ➡ P.73

1 次の——線の漢字の読みがなを書きなさい。（5点×10）

(1) 父は**疲労**している。〔　〕
(2) 大きな**地震**に備える。〔　〕
(3) 市民に**歓迎**される。〔　〕
(4) 母に友人を**紹介**する。〔　〕
(5) 彼は**遠慮**深い人だ。〔　〕
(6) **華道**を習う。〔　〕
(7) **抑揚**をつけて読む。〔　〕
＊文意に応じて声を上げ下げすること。
(8) **腹痛**を起こす。〔　〕
(9) 地域に**密着**する。〔　〕
(10) 生活は**安泰**だ。〔　〕

2 次の——線の漢字の読みがなを書きなさい。（5点×10）

(1) あの**頃**がなつかしい。〔　〕
(2) 試合で**手柄**を立てる。〔　〕
(3) 心の**苦悩**を表現する。〔　〕
(4) 水質の**汚染**を調べる。〔　〕
(5) **恭順**な態度を示す。〔　〕
(6) 着物の**襟元**が美しい人。〔　〕
(7) 庭の芝生を**刈**る。〔　〕
(8) 断熱材で熱を**遮**る。〔　〕
(9) 変化が**著**しい。〔　〕
(10) 現実を**超越**した人物。〔　〕

月　日

16 漢字の読み④

合格点 80点
得点　　点

解答 ➡ P.73

1 次の――線の漢字の読みがなを書きなさい。（5点×10）

(1) そよ風が快い。〔　　〕
(2) 相手の意図が不明だ。〔　　〕
(3) それは的確な答えだ。〔　　〕
(4) 祖父は頑固だ。〔　　〕
(5) 日陰で休む。〔　　〕
(6) 彼の念力は強い。〔　　〕
(7) 弁舌を奮う。〔　　〕
(8) 寝相の悪い人。〔　　〕
(9) 水の滴を手で受ける。〔　　〕
(10) 身体が反る。〔　　〕

2 次の――線の漢字の読みがなを書きなさい。（5点×10）

(1) 二本の触角を持つ虫。〔　　〕
(2) 驚嘆すべき発想だ。〔　　〕
(3) 荒涼たる原野。〔　　〕
(4) 二者択一の問題だ。〔　　〕
(5) 全てが水の泡になる。〔　　〕
(6) 新聞に掲載する小説。〔　　〕
(7) 宇宙を探索する。〔　　〕
(8) 懐疑的になることはない。〔　　〕
(9) バザーが催される。〔　　〕
(10) 駐輪する場所がない。〔　　〕

月　日

17 漢字の書き③

合格点 80点
得点　　点
解答 ➡ P.73

1 次の――線のカタカナを漢字に直しなさい。（5点×10）

(1) 彼はキンベンな学生だ。〔　〕
(2) イロンを唱える。〔　〕
(3) 外国とコウエキする。〔　〕
(4) 飛行機のカクノウコ。〔　〕
(5) 鮮明なガゾウを送る。〔　〕
(6) ゴウインに奪い取る。〔　〕
(7) 家事とイクジに追われる。〔　〕
＊「子そだて」のこと。
(8) 体格がヒンジャクだ。〔　〕
(9) 今日はツゴウが悪い。〔　〕
(10) ジコウの挨拶を書く。〔　〕

2 次の――線のカタカナを漢字に直しなさい。（5点×10）

(1) 絵画教室にカヨう。〔　〕
(2) 宿題をスませる。〔　〕
(3) 思いを心にヒめる。〔　〕
(4) ムし暑い夏の夜。〔　〕
(5) 恩にムクいる。〔　〕
(6) 約束をワスれる。〔　〕
(7) 六時に門がシまる。〔　〕
(8) 人ナみの生活をする。〔　〕
(9) 初日の出をオガむ。〔　〕
(10) 深い傷をオう。〔　〕

月　日

18 漢字の書き④

合格点 80点
得点　　点

解答 ➡ P.73

1 次の――線のカタカナを漢字に直しなさい。（5点×10）

(1) チノウ犯は手強《ごわ》い。
(2) ジュウジュンな子ども。
(3) 動きがヘンソク的だ。
(4) ベニバナの油を買う。
(5) ソンザイ感がない。
(6) もう一度ココロみる。
(7) 議長にイニンする。
(8) あの人はハクシキだ。
(9) 皿をサッキンする。
(10) 挨拶をハブく。

2 次の――線のカタカナを漢字に直しなさい。（5点×10）

(1) コメダワラは重い。
(2) 目をサます。
(3) ジヨウの高い食品。
(4) セイタイケイを守る。
(5) キテキが鳴る。
(6) ヒゲキの幕が上がる。
(7) キョウチョウ性がない。
(8) シャテイ距離に入る。 ＊弾丸の届く距離のこと。
(9) ケイサツカンになる。
(10) キョウド料理の店。

月　日

19 部首と画数

合格点 80点
得点　点

解答 ➡ P.73

1 例にならって、次の漢字の部首と部首名を書きなさい。（3点×20）

	漢字	部首	部首名
例	思	心	こころ
(1)	況		
(2)	凍		
(3)	祈		
(4)	愉		
(5)	狩		
(6)	究		
(7)	腰		
(8)	誰		
(9)	郵		
(10)	然		

2 次の漢字と同じ総画数の漢字を下からそれぞれ一つ選び、書きなさい。（4点×10）

(1) 互〔幻　功　句　四〕〔　〕
(2) 瞬〔優　興　臨　鏡〕〔　〕
(3) 響〔露　臓　願　競〕〔　〕
(4) 誤〔鳴　歯　夢　劇〕〔　〕
(5) 巧〔与　矛　汗　比〕〔　〕
(6) 依〔紀　沈　求　延〕〔　〕
(7) 議〔護　識　驚　誓〕〔　〕
(8) 舞〔燃　輪　蔵　際〕〔　〕
(9) 汚〔列　辛　即　抜〕〔　〕
(10) 被〔健　康　飛　耕〕〔　〕

月　日

20 形が似ていて間違えやすい漢字①

合格点 80点
得点　点
解答 ➡ P.73

1 次の――線の漢字の読みがなを書きなさい。（3点×15）

(1) A 幻想的な風景。 B 幼児と遊ぶ。

(2) A 苗を植える。 B 笛を吹く。
＊「田」と「由」の違いにも注意。

(3) A 手帳を見る。 B 胸を張る。

(4) A 幸い合格した。 B 辛い料理。

(5) A 特徴を述べる。 B かぜで微熱がある。

(6) A 試合で興奮する。 B 首位を奪回する。

(7) A 尺度が異なる。 B 英語を通訳する。 C 進路を選択する。

2 次の――線のカタカナを漢字に直しなさい。（5点×11）

(1) A ロンリ的に考える。 B キョウユになる。

(2) A 駅からトホ五分です。 B 看護にジュウジする。
＊部首はともに「ぎょうにんべん」。

(3) A 物資をユソウする。 B シャリンが回転する。

(4) A ミライを予測する。 B ゲツマツに旅行する。
＊A・Bとも一・二画の長さに注意。

(5) A シンリョクの季節。 B エンギが悪い。 C 番組をロクガする。

21 形が似ていて同音の漢字①

合格点 80点
得点　点
解答 ➡ P.73

1 次の各組の──線の漢字に共通する読みがなを書きなさい。（3点×15）

(1) 緯度・違反
(2) 眺望・挑戦
(3) 覚悟・母語
(4) 彼岸・被服
(5) 申告・伸長
(6) 摘発・強敵
(7) 編集・遍歴
(8) 販売・阪神
(9) 紹介・招待
(10) 廊下・明朗
(11) 贈答・増加
(12) 愉快・説諭
(13) 苦悩・頭脳
(14) 光輝・指揮
(15) 先攻・成功

2 次の──線のカタカナを漢字に直しなさい。（5点×11）

(1)
A 親フコウをした。
＊七画の漢字。
B シコウ力を伸ばす。
＊六画の漢字。

(2)
A テイクウを飛行する。
B カイテイに沈んだ船。

(3)
A フクショウをもらう。
B コウフクに暮らす。

(4)
A 建物をカンリする。
B 教授をタイカンする。
C 美術カンに行く。

(5)
A 複雑なコウゾウの機械。
＊訓は「かま・える」。
B コウシュウを受ける。

22 漢字の成り立ち② （会意・形声）

合格点 80点
得点　　点

解答 ➡ P.74

1 二つ以上の漢字を組み合わせて新しい意味を示すのが、会意文字です。例にならって、□にあてはまる会意文字を書きなさい。（4点×8）

例 人（亻）＋木↓休

(1) 人＋言↓□
(2) 山＋石↓□
(3) 日＋雲↓□
(4) 口＋鳥↓□
(5) 田＋力↓□
(6) 羊＋大↓□
(7) 少＋力↓□
(8) 手＋目↓□

2 一方で音、他方で意味を表す字を組み合わせてできる形声文字を、七つ書きなさい。（4点×7）

〔音〕 永　倉　官　亡　反　固　旨

〔意味〕 心（忄）　竹　水（氵）　食（飠）　人（亻）　手（扌）　刀（刂）

□ □ □ □ □ □ □

3 次の――線のカタカナを漢字に直しなさい。（4点×10）

(1) 事件のケイカを調べる。〔　　〕
(2) カクセイ器で呼び出す。〔　　〕
(3) 円のチョッケイを測る。〔　　〕
(4) ケイカイな動きをする。〔　　〕
(5) セイシンを統一する。〔　　〕
(6) 本をツクエに置く。〔　　〕
(7) 天気はカイセイです。〔　　〕
(8) いつもセイケツにする。〔　　〕
(9) 技師のシカクを得る。〔　　〕
(10) ナイカク総理大臣。〔　　〕

月　日

23 まとめテスト ②

合格点 80点
得点　　点

解答 ➡ P.74

1 次の――線の漢字の読みがなを書きなさい。（4点×10）

(1) 何度も挑んでみよ。〔　〕
(2) 驚嘆すべき技術だ。〔　〕
(3) 武器の生産を抑制する。〔　〕
(4) 念力の強い人。〔　〕
(5) 道路を遮る車。〔　〕
(6) 本を朗読する。〔　〕
(7) 襟を正して話を聞く。〔　〕
(8) 劣等感を持つ。〔　〕
(9) 首位を奪取する。〔　〕
(10) 辛い料理が好きだ。〔　〕

2 次の――線のカタカナを漢字に直しなさい。（6点×10）

(1) カイテキな旅を楽しむ。〔　〕
(2) トホで五分の店。〔　〕
(3) ドヒョウの上で戦う。〔　〕
(4) 彼はキョウチョウ的だ。〔　〕
(5) 事件のケイカを発表する。〔　〕
(6) カンリ人のおじさん。〔　〕
(7) 家具をユニュウする。〔　〕
(8) オヤコウコウな息子。〔　〕
(9) 日本人はキンベンだ。〔　〕
(10) チノウの高い動物。〔　〕

24 漢字の読み⑤

合格点 80点
得点　　点
解答 ➡ P.74

1 次の――線の漢字の読みがなを書きなさい。（5点×10）

(1) 汚れた川。［　］
(2) 昇降口から入る。［　］
(3) 相手の軸足をねらう。［　］
(4) 血管系の病気を治す。［　］
(5) 伸縮自在のテープ。［　］
(6) 人の甘言には注意せよ。［　］
＊人を喜ばせる口先だけの言葉のこと。
(7) 水中の単細胞生物。［　］
(8) 山の魅力に心奪われる。［　］
(9) 人と比較するな。［　］
(10) 懸命に走る。［　］

2 次の――線の漢字の読みがなを書きなさい。（5点×10）

(1) 一瞬のうちに終わる。［　］
(2) 声の主は即座にわかる。［　］
(3) 川に架かるつり橋。［　］
(4) 顎関節を傷める。［　］
(5) 広場の鐘が鳴る。［　］
(6) 露出した岩石。［　］
(7) 花を摘む少女。［　］
(8) 束縛されるのはいやだ。［　］
(9) アマゾンの奥地に入る。［　］
(10) 試しに飲んでみる。［　］

月　日

25 漢字の読み⑥

合格点 80点
得点　点
解答 ➡ P.74

1 次の――線の漢字の読みがなを書きなさい。（5点×10）

(1) 彼は秀才と言われる。〔　　〕
(2) 珍しい花が咲いている。〔　　〕
(3) ミスを指摘する。〔　　〕
(4) 驚異的な大記録だ。〔　　〕
(5) 著者は十代の若者だ。〔　　〕
(6) 砂嵐におそわれる。〔　　〕
(7) 夕涼みに出かける。〔　　〕
(8) 問題の特徴をつかもう。〔　　〕
(9) 状況がまだ不明だ。〔　　〕
(10) 曖昧な返事をした。〔　　〕

2 次の――線の漢字の読みがなを書きなさい。（5点×10）

(1) 入部を勧められる。〔　　〕
(2) 真実を把握する。〔　　〕
(3) 相違点がはっきりした。〔　　〕
(4) 人を蔑視するな。〔　　〕
(5) 支払いがすんでいない。〔　　〕
(6) 震災から立ち上がる。〔　　〕
(7) 静寂が訪れる。〔　　〕
(8) 鮮やかな星の光。〔　　〕
(9) 被害が少なくてすんだ。〔　　〕
(10) 古い家を壊す。〔　　〕

月　日

26 漢字の書き⑤

合格点 80点
得点　　点

解答 ➡ P.74

1 次の――線のカタカナを漢字に直しなさい。（5点×10）

(1) 大きなヤカタに入る。

(2) 収入はヘイキンテキだ。

(3) イタみ止めを飲む。

(4) フクワジュツを見る。

(5) スイチョクに飛び上がる。

(6) スンシャク詐欺《さぎ》にあう。
＊小額のお金をかりること。

(7) クセツ二十年の人の言葉。

(8) ユウホドウを造る。

(9) ボウガイの喜びだ。
＊願っていた以上によいこと。

(10) 英語にヤクす。

2 次の――線のカタカナを漢字に直しなさい。（5点×10）

(1) 光をハナつ。

(2) 首のスジをひねる。

(3) ヘンカクの時代だ。

(4) 企業ギョウセキの上昇。

(5) 魚はセンドが命だ。

(6) 人生をボウにふる。

(7) ホイクシになりたい。

(8) カントウの文章を読む。

(9) 地図をシュクショウする。

(10) 今日のバンメシは何かな。

月　日

27 漢字の書き⑥

合格点 80点
得点　点

解答 ➡ P.74

1 次の――線のカタカナを漢字に直しなさい。（5点×10）

(1) ゼッケイに見入る。
＊他に比べるものがない素晴らしいけしき。

(2) カッキテキな発見だ。

(3) カクダイキョウを使う。

(4) 英文学をセンコウする。

(5) ナンダイをふっかける。

(6) 祖父のイショを開ける。

(7) アンガイ暗い所は平気だ。

(8) 勝利をセンゲンする。

(9) 重いカゼイに苦しむ。

(10) 学校のホウシンを示す。

2 次の――線のカタカナを漢字に直しなさい。（5点×10）

(1) 台風で屋根がハソンした。

(2) スンポウを測る。

(3) セットクリョクが必要。

(4) テンボウ台に上る。

(5) ハイクをひねる。

(6) ハラを抱えて笑う。

(7) 本をシュッパンする。

(8) セイイのない言動。

(9) ホソク説明をする。

(10) 必死のギョウソウだ。

28 三字熟語

合格点 80点
得点　　点
解答 ➡ P.74

1 次の――線の漢字の読みがなを書きなさい。（4点×10）

(1) 部屋が殺風景だ。
＊「風」の読み方が変わるので注意。
(2) 同好会の活動をする。
(3) 化粧台の前に座る。
(4) 不気味な音がする。
＊「無気味」とも書く。
(5) 超音波を発する。
(6) 校庭の常緑樹。
(7) 積乱雲が発生する。
(8) 体は大丈夫だ。
(9) 妹に留守番を頼む。
(10) 最後尾を歩く。

2 次の――線のカタカナを漢字に直しなさい。（6点×10）

(1) 宇宙ヒコウシになる夢。
(2) トキョウソウに出場する。
＊「ソウ」は、「はしる」。
(3) カンキャクセキは満員だ。
(4) トショカンで調べる。
(5) ソツギョウシキに出る。
(6) 大自然のフシギ。
(7) マショウメンから見る。
(8) シンコウガカリを務める。
(9) 朝のデキゴトを思い出す。
(10) ムジュウリョクの状態。

月　日

29 四字熟語①

合格点 80点
得点　点
解答 ➡ P.75

1 次の――線の漢字の読みがなを書きなさい。（4点×11）

(1) 一生懸命に働く。〔　　〕
(2) 自己紹介をする。〔　　〕
(3) 晴耕雨読の日々を送る。〔　　〕
(4) 中性洗剤を使う。〔　　〕
(5) 愛別離苦の思い。〔　　〕
(6) 多角経営をする。〔　　〕
(7) 半信半疑で話を聞く。〔　　〕
(8) 創意工夫する。〔　　〕
(9) 再三再四注意する。〔　　〕
(10) この宇宙の森羅万象。〔　　〕
＊存在するすべてのこと。
(11) 電光石火の決定。〔　　〕
＊すばやいこと。

2 次の□□にあてはまる語をあとから選び、漢字に直して四字熟語を完成しなさい。（7点×8）

(1) 横断□□を渡る。〔　　〕
(2) 思いがけない逆転□□。〔　　〕
(3) 自分□□な振る舞い。〔　　〕
(4) □□文学の作家になる。〔　　〕
(5) □□直入に話す。〔　　〕
(6) 絶体□□のピンチだ。〔　　〕
(7) 日進□□で進んでいる。〔　　〕
(8) □□不覚に寝てしまう。〔　　〕

かって　じどう　ぜつめい
ほどう　ぜんご　たんとう
げっぽ　しょうり

月　日

30 2つ以上の音読みのある漢字①

合格点 80点
得点　点

解答 ➡ P.75

1 次の――線の漢字の読みがなを書きなさい。（3点×15）

(1)
A 明日は**都合**が悪い。［　］
B 東京の**都心**に住む。［　］

(2)
A **歳月**人を待たず［　］
B お**歳暮**を贈る。［　］

(3)
A 水道の**蛇口**。［　］
B これは**蛇足**の話です。［　］

(4)
A **形式**を重んじる。［　］
B 母の**形見**。［　］

(5)
A **平等**に扱う。［　］
B **平気**な顔をする。［　］

(6)
A **自然**を守る。［　］
B **天然**の美。［　］

(7)
A 文章**読本**を読む。［　］
B 全巻を**読破**する。［　］
C **句読点**を打つ。［　］

2 次の――線のカタカナを漢字に直しなさい。（5点×11）

(1)
A **ソッセン**して働く。［　］
B **ヒリツ**を計算する。［　］

(2)
A **コウフン**して叫ぶ。［　］
B 絵に**キョウミ**をもつ。［　］

(3)
A **ジョウギ**で測る。［　］
B **テイショク**に就く。［　］
＊決まった仕事。

(4)
A 国の**チアン**が乱れる。［　］
B **セイジ**に関心がある。［　］

(5)
A **ソウゴウ**的に考える。［　］
B 関ヶ原の**カッセン**。［　］
C 全員で**ガッサク**する。［　］

31 ２つ以上の訓読みのある漢字①

合格点 80点
得点　　点
解答 ➡ P.75

1 次の――線の漢字の読みがなを書きなさい。（4点×15）

(1)
A 道端にたたずむ。
B 道の端に寄る。

(2)
A 床下に潜る。
B 床の間に飾る。

(3)
A 山が連なる。
B 子どもを連れる。

(4)
A 人口が増える。
B 水量が増す。

(5)
A 夢を食うバク。
B 夕食を食べる。

(6)
A 心と心の触れ合い。
B 赤ん坊の手を触る。

(7)
A ギターを弾く。
B ボールが弾む。
C 鉄砲に弾を込める。

2 次の各組の□に共通する漢字を書きなさい。（5点×8）

(1)
A いつもの道を□る。
B 病院へ毎日□う。

(2)
A □かい指示がある。
B 家の裏の道は□い。

(3)
A 和菓子を□む。
B 絵をかくのが□きだ。

(4)
A 学校に早く□く。
B 新しい服を□る。

(5)
A 雨が□りそうだ。
B 鉄棒から飛び□りる。

(6)
A しっかり戸を□める。
B じっと目を□じる。

(7)
A 進歩が□しい。
B 作品集を□す。

(8)
A 紅葉を湖面に□す。
B 美しい夕日が□える。

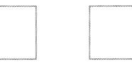

32 まとめテスト③

合格点 80点
得点　　点

解答 ➡ P.75

1 次の——線の漢字の読みがなを書きなさい。（4点×10）

(1) 声が弾む。〔　　〕
(2) 魅力のある笑顔《えがお》。〔　　〕
(3) 川に架かる橋。〔　　〕
(4) 束縛されたくない。〔　　〕
(5) 即座に答える。〔　　〕
(6) 珍しい人に会う。〔　　〕
(7) 不気味な映画だ。〔　　〕
(8) とても曖昧な話だ。〔　　〕
(9) 不況の波をかぶる。〔　　〕
(10) 静寂を破る音。〔　　〕

2 次の——線のカタカナを漢字に直しなさい。（6点×10）

(1) 美しい光をハナつ。〔　　〕
(2) 足がボウになる。〔　　〕
(3) そんなにコウフンするな。〔　　〕
(4) カッキテキな大発見。〔　　〕
(5) 大学のセンコウは何か。〔　　〕
(6) 説明してゴカイをとく。〔　　〕
(7) ソッセンして働く。〔　　〕
(8) チアンが悪化する。〔　　〕
(9) セイイを示したい。〔　　〕
(10) セットクリョクに欠ける。〔　　〕

月　日

33 漢字の読み ⑦

合格点 80点
得点　　点
解答 ➡ P.75

1 次の――線の漢字の読みがなを書きなさい。（5点×10）

(1) 累進課税の制度化。〔　　〕
(2) 見飽きた光景だ。〔　　〕
(3) 何度も繰り返し見る。〔　　〕
(4) 多くの科目を履修する。〔　　〕
(5) 梨園の妻となる。〔　　〕
＊歌舞伎役者の社会のこと。
(6) 剝製のヒョウ。〔　　〕
(7) 多くの先輩がいる。〔　　〕
(8) 要点を捉える。〔　　〕
(9) 赤い唇の少女。〔　　〕
(10) ここは校閲の部署だ。〔　　〕

2 次の――線の漢字の読みがなを書きなさい。（5点×10）

(1) 思慮が浅い。〔　　〕
(2) 盟友と語り合う。〔　　〕
＊誓いあった友人。同志。
(3) 悠長な話だなあ。〔　　〕
(4) 芳香剤を置く。〔　　〕
(5) 誘惑に負ける。〔　　〕
(6) 矛盾に満ちた世界。〔　　〕
(7) 感銘を受けた本。〔　　〕
(8) 生徒を諭す。〔　　〕
(9) 大国が滅亡する。〔　　〕
(10) 昇段試験も近い。〔　　〕

月　日

34 漢字の書き⑦

合格点 80点
得点 点
解答 ➡ P.75

1 次の――線のカタカナを漢字に直しなさい。（5点×10）

(1) リンカイ事故を防止する。［　　］
(2) 選挙でゼッセンが続く。［　　］
(3) 犬がキバをむく。［　　］
(4) 容疑者のメンドオし。［　　］
(5) センノウされる。［　　］
(6) トトウを組む。［　　］
(7) オウダンマクを垂らす。［　　］
(8) 大国同士のミツヤク。［　　］
(9) コンナンに立ち向かう。［　　］
(10) 大臣たるキリョウがない。［　　］

2 次の――線のカタカナを漢字に直しなさい。（5点×10）

(1) オンイキの広い歌手。［　　］
(2) 古いドゾウの中で遊ぶ。［　　］
(3) 病気はショウコウを保つ。［　　］
(4) お金のクメンをする。［　　］
(5) カクシン的な考え方だ。［　　］
(6) ヨクジツの早朝に出発だ。［　　］
(7) タンジョウ日を祝う。［　　］
(8) 春をショウチョウする花。［　　］
(9) ゾウキの売買は違法だ。［　　］
(10) ショクンの成功を信じる。［　　］

月　日

合格点 80点
得点　点
解答 ➡ P.75

35 送りがな①

1 次の――線のカタカナを漢字と送りがなに直しなさい。（5点×10）

(1) 命はトウトイ。［　　］
(2) ミジカイ夏の夜。［　　］
(3) 人口のスクナイ国。［　　］
(4) 親にサカラウ。［　　］
(5) 試合にヤブレル。［　　］
(6) 説明がコマカイ。［　　］
(7) その角をマガルとよい。［　　］
(8) 山がツラナル。［　　］
(9) 国をアゲテ祝う。［　　］
(10) 木の実をタクワエル。［　　］

2 次の――線のカタカナを漢字と送りがなに直しなさい。（5点×10）

(1) 田畑をタガヤス。［　　］
(2) 説明をハブク。［　　］
(3) アタタカイ部屋だ。［　　］
(4) せっかくの料理がサメル。［　　］
(5) 議長に決定をユダネル。［　　］
(6) 生徒をヒキイテ行く。［　　］
(7) ココロヨイ朝の空気。［　　］
(8) 一部の例外をノゾク。［　　］
(9) 母にお金をアズケル。［　　］
(10) 役員をシリゾク。［　　］

36 慣用句①

合格点 80点
得点　　点
解答 ➡ P.76

1 次の――線の漢字の読みがなを書きなさい。（4点×10）

(1) 枚挙にいとまがない
＊数えられないほど多いこと。
〔　　〕

(2) 相づちを打つ
〔　　〕

(3) 手塩にかける
＊苦労して育ててあげること。
〔　　〕

(4) 途方に暮れる
〔　　〕

(5) 一日の長
〔　　〕

(6) 目に余る
〔　　〕

(7) 一目置く
＊敬意をはらうこと。
〔　　〕

(8) すずめの涙
〔　　〕

(9) ほおを染める
〔　　〕

(10) 舌を巻く
〔　　〕

2 次の□に体の部分を表す漢字を一字入れ、慣用句を使った文を完成しなさい。（6点×10）

(1) □を割って話をする。 □

(2) 力では兄に□が立たない。 □

(3) 容疑者がついに□を割る。
＊白状すること。
□

(4) 妹は料理の□を上げた。 □

(5) □が回るような忙しさだ。 □

(6) 突然の話に□を疑った。 □

(7) □を冷やして考える。 □

(8) 強敵に手も□も出ない。 □

(9) 朗報を□を長くして待つ。 □

(10) 優勝して□が高い。 □

月　日

37 ことわざ①

合格点 80点

得点　点

解答 ➡ P.76

1 次の——線の漢字の読みがなを書きなさい。（4点×10）

(1) 石橋をたたいて渡る
＊用心を重ねること。

(2) けがの功名

(3) 待てば海路の日和あり

(4) うそも方便
＊時にはうそも必要な場合があるということ。

(5) 縁の下の力持ち

(6) 論より証拠

(7) のれんに腕押し
＊はりあいも手ごたえもないこと。

(8) 良薬は口に苦し

(9) 急《せ》いては事を仕損じる

(10) 三つ子の魂百まで

2 次の——線のカタカナを漢字に直しなさい。（6点×10）

(1) コロばぬ先のつえ

(2) 馬の耳にネンブツ
＊人の意見に耳を貸さないこと。

(3) 雨降って地カタまる

(4) イシャの不養生

(5) ニカイから目薬

(6) 灯台モト暗し
＊身近なことはかえって分かりにくいということ。

(7) ラクあれば苦あり

(8) ゼンは急げ
＊よいことをする時はためらうなということ。

(9) ちりもツもれば山となる

(10) 短気はソンキ

38 同音異義語①

合格点 80点
得点　　点
解答 ➡ P.76

1 次の各組は同音異義語（同じ音読み）です。読みがなを書きなさい。（3点×15）

(1) 参加・酸化 〔　　〕
(2) 帰港・起工 〔　　〕
(3) 強化・教科 〔　　〕
(4) 禁止・近視 〔　　〕
(5) 好意・皇位 〔　　〕
(6) 唱歌・消火 〔　　〕
(7) 天真・転身 〔　　〕
(8) 時候・事項 〔　　〕
(9) 短刀・担当 〔　　〕
(10) 視力・資力 〔　　〕
(11) 以外・意外 〔　　〕
(12) 依頼・以来 〔　　〕
(13) 家裁・火災 〔　　〕
(14) 薄幸・発光 〔　　〕
(15) 快走・回想 〔　　〕

2 次の――線のカタカナを漢字に直しなさい。（5点×11）

(1)
A 天気は**カイセイ**だ。〔　　〕
B 規則を**カイセイ**する。〔　　〕

(2)
A テストの**カイトウ**。〔　　〕
B 質問への**カイトウ**。〔　　〕

(3)
A 先生の**シジ**に従う。〔　　〕
B 多くの**シジ**を得る。〔　　〕

(4)
A **キカイ**体操が得意だ。〔　　〕
B 得点の**キカイ**がない。〔　　〕
＊ともに「機械」と混同しないこと。

(5)
A **シュウカン**誌を買う。〔　　〕
B 早起きの**シュウカン**。〔　　〕
C **シュウカン**天気予報。〔　　〕

月　日

39 同訓異字①

合格点 80点
得点　　点
解答 ➡ P.76

1 次の各組の漢字は同訓異字（同じ訓読み）です。読みがなを書きなさい。（3点×15）

(1) 替える・代える　［　　える］
(2) 返る・帰る　［　　る］
(3) 咲く・割く　［　　く］
(4) 供える・備える　［　　える］
(5) 済む・澄む　［　　む］
(6) 成る・鳴る　［　　る］
(7) 善い・良い　［　　い］
(8) 破れる・敗れる　［　　れる］
(9) 混ぜる・交ぜる　［　　ぜる］
(10) 奮う・震う　［　　う］
(11) 絞める・閉める　［　　める］
(12) 極める・究める　［　　める］
(13) 刈る・駆る　［　　る］
(14) 送る・贈る　［　　る］
(15) 堅い・固い　［　　い］

2 次の――線のカタカナを漢字に直しなさい。（5点×11）

(1)
A 朝日が**ノボ**る。［　　］
B 富士山に**ノボ**る。［　　］

(2)
A 夜が**ア**ける。［　　］
B ドアを**ア**ける。［　　］

(3)
A 事故で重傷を**オ**う。［　　］
B 逃げた獲物を**オ**う。［　　］

(4)
A 先生に答えを**キ**く。［　　］
B この薬はよく**キ**く。［　　］
＊「ききめがある」こと。

(5)
A 友人のノートを**ウツ**す。［　　］
B 鏡に姿を**ウツ**す。［　　］
C 場所を**ウツ**す。［　　］

40 漢字の組み立て②（部首と部首名）

合格点 80点
得点　　点
解答 ➡ P.76

1 例にならって、次の各組の漢字の部首と部首名を書きなさい。（3点×20）

	漢字	部首	部首名
例	交・京	亠	なべぶた
(1)	場・坂		
(2)	強・張		
(3)	駅・験		
(4)	筆・答		
(5)	建・延		
(6)	病・痛		
(7)	間・関		
(8)	然・照		
(9)	情・快		
(10)	陸・陽		

2 次の——線のカタカナには、同じ部首の漢字を組み合わせた熟語があてはまります。漢字に直しなさい。（4点×10）

(1) 海の**マンチョウ**の時刻。　＊部首名…さんずい
(2) **チイキ**ぐるみで助け合う。
(3) クラブを**ソシキ**する。　＊部首名…いとへん
(4) **メイアン**を分ける。　＊部首名…ひへん
(5) **ジンジャ**に参拝する。
(6) 危険な不完全**ネンショウ**。
(7) 手紙を**ソクタツ**で出す。
(8) 正しく**ニンシキ**する。　＊部首名…ごんべん
(9) **キョウジャク**をつける。
(10) サーカスを**カンラン**する。　＊部首名…みる

月　日

41 まとめテスト④

合格点 80点
得点 　点

解答 ➡ P.76

1 次の――線の漢字の読みがなを書きなさい。（4点×10）

(1) 弟を諭した。〔　〕
(2) 思慮が足りない。〔　〕
(3) 枚挙にいとまがない。〔　〕
(4) 舌先三寸の人。〔　〕
(5) 感銘を受ける。〔　〕
(6) 悠長な話だ。〔　〕
(7) 矛盾した話だ。〔　〕
(8) 河川の改修が行われる。〔　〕
(9) けがの功名。〔　〕
(10) 父は機嫌を損なった。〔　〕

2 次の――線のカタカナを漢字に直しなさい。（6点×10）

(1) 病気がショウコウ状態だ。〔　〕
(2) 医者の不ヨウジョウだ。〔　〕
(3) 彼はタイキ晩成型だ。〔　〕
(4) リンカイ事故が起きる。〔　〕
(5) 蛍雪のコウを積む。〔　〕
(6) ゾウキを売買する。〔　〕
(7) シンキ一転して出直す。〔　〕
(8) テサグりの状態が続く。〔　〕
(9) 隣国とのミツヤク。〔　〕
(10) 畑をタガヤす。〔　〕

42 2つ以上の音読みのある漢字②

合格点 80点
得点　　点
解答 ➡ P.76

1 次の――線の漢字の読みがなを書きなさい。（3点×15）

(1) A **献血**に行く。［　］
B **献立**を考える。［　］

(2) A 自然の**恩恵**がある。［　］
B 全員で**知恵**を出す。［　］

(3) A **不吉**な予感がする。［　］
B おみくじの**大吉**。［　］

(4) A **証拠**をつかむ。［　］
B **根拠**をあげる。［　］

(5) A **柔道**部に入る。［　］
B **柔和**な人柄。［　］

(6) A **拍手**を送る。［　］
B **拍子**をとる。［　］

(7) A **師弟**関係を結ぶ。［　］
B **兄弟**仲良くする。［　］
C 一番**弟子**になる。［　］

2 次の――線のカタカナを漢字に直しなさい。（5点×11）

(1) A 家を**ルス**にする。［　］
B **シュビ**の練習をする。［　］

(2) A **ゲンロン**の自由。［　］
B **ムゴン**電話がある。［　］

(3) A **ズツウ**がする。［　］
B **ネントウ**の挨拶。［　］

(4) A **モケイ**飛行機を作る。［　］
B **キボ**が大きい工事だ。［　］

(5) A 土地を**ブンカツ**する。［　］
B **フンベツ**がつかない。［　］
＊よしあしを判断すること。
C 両者**ゴブ**に渡り合う。［　］

月　日

43 2つ以上の訓読みのある漢字②

合格点 80点
得点 　点
解答 ➡ P.77

1 次の――線の漢字の読みがなを書きなさい。（4点×15）

(1)
A 服が汚れる。
B この水は汚い。

(2)
A 多数を占める。
B 運勢を占う。

(3)
A 人を裁く。
B 布を裁つ。

(4)
A 恥ずかしい思い。
B 恥知らずな行動。

(5)
A 知人を頼って行く。
B 使いを頼む。

(6)
A 出発が遅れる。
B 進むのが遅い。

(7)
A 水で冷やす。
B お茶を冷ます。
C この水は冷たい。

2 次の各組の□に共通する漢字を書きなさい。（5点×8）

(1)
A 子供を□てる。
B 子供を□む。

(2)
A 古寺を□ねる。
B 先生の家を□れる。

(3)
A 新しい仕事を□す。
B 地球のなぞを□る。

(4)
A □めて一人旅をする。
B 世界□の実験を行う。

(5)
A 人で□むバス。
B 異物が□じる。

(6)
A 試合に□ける。
B 責任を□う。

(7)
A 挨拶を□わす。
B 漢字とかなが□じる。

(8)
A □い経験をする。
B つらく□しい道のり。

44 形が似ていて間違えやすい漢字②

合格点 80点
得点　点
解答 ➡ P.77

1 次の――線の漢字の読みがなを書きなさい。（4点×10）

(1)
A 大使を**派遣**する。〔　〕
B 世界**遺産**への登録。〔　〕

(2)
A 欠点を**指摘**する。〔　〕
B **水滴**を受け止める。〔　〕

(3)
A **山頂**に着く。〔　〕
B **項目**ごとに分ける。〔　〕

(4)
A **戸惑**いがある。〔　〕
B **感動**する。〔　〕

(5)
A **鋼鉄**のように固い。〔　〕
B **網目**を数える。〔　〕

2 次の――線のカタカナを漢字に直しなさい。（6点×10）

(1)
A **ショメイ**活動を行う。〔　〕
B 彼は**チョメイ**な作家だ。〔　〕

(2)
A **ヤチン**を払う。〔　〕
B **カモツ**列車が着く。〔　〕

(3)
A 国と国の**キョウカイ**。〔　〕
B **メガネ**をかける。〔　〕

(4)
A 鉄道の**センロ**を敷く。〔　〕
B **メンミツ**に計算する。〔　〕

(5)
A 郊外の**ジュウタク**地。〔　〕
B 駅まで**オウフク**する。〔　〕

月　日

45 形が似ていて同音の漢字②

合格点 80点
得点 　点
解答 ➡ P.77

1 次の――線の漢字に共通する読みがなを書きなさい。（4点×11）

(1) 開襟・禁止 〔　〕
(2) 破壊・懐古 〔　〕
(3) 獲得・収穫 〔　〕
(4) 課題・製菓 〔　〕
(5) 双璧・障壁 〔　〕
(6) 歳末・積載 〔　〕
(7) 諸君・部署 〔　〕
(8) 選択・光沢 〔　〕
(9) 金銭・浅薄 〔　〕
(10) 晴朗・精米 〔　〕
(11) 昭和・紹介 〔　〕

2 例にならって、次のカタカナの読みの漢字を□に入れて、熟語を完成しなさい。（4点×14）

例 コウ――A 構成　B 講義
(1) モン――A 疑□　B 専□
(2) セキ――A 成□　B 面□
(3) シキ――A 知□　B 組□
(4) ケン――A 点□　B 危□
(5) フク――A □習　B □雑
(6) ソク――A □量　B □面
(7) チョウ――A □面　B 主□

46 漢字の組み立て③（部首と部首名）

合格点 80点
得点 　点
解答➡P.77

1 次の漢字と同じ部首の漢字を［　］の中から一つ選んで丸で囲み、その部首名を書きなさい。（3点×20）

(1) 利［秋・秒・別・和］［　］
(2) 京［亡・市・卒・率］［　］
(3) 空［安・宙・谷・究］［　］
(4) 間［問・開・聞・暗］［　］
(5) 料［粉・粧・斜・科］［　］
(6) 張［引・帳・長・脹］［　］
(7) 筋［胸・動・勝・笑］［　］
(8) 投［殺・役・没・打］［　］
(9) 序［応・広・預・予］［　］
(10) 険［検・剣・験・院］［　］

2 次の漢字の部首と部首名を書きなさい。（2点×20）

(1) 術
(2) 難
(3) 起
(4) 預
(5) 益
(6) 詞
(7) 教
(8) 老
(9) 形
(10) 都

部首 □
部首名 ［　］

月　日

47 漢字の成り立ち③（六書・国字）

合格点 80点
得点　　点

解答➡P.77

1 次の――線の漢字の読みがなを書きなさい。（4点×10）

(1) 母は声楽家です。［　］
＊「楽」の本来の意味は「音楽」。

(2) 苦楽をともにする。［　］
＊「楽」を「たのしい」の意味で使うのが転注《てんちゅう》。

(3) 子どもに好かれる。［　］

(4) 亜米利加を略して米。［　］

(5) 印度に行ってみたい。［　］

(6) 畑で汗を流して働く。［　］

(7) 仕事も峠を越えた。［　］

(8) 荷物を積み込む。［　］

(9) 栃木県に住む。［　］

(10) 魚を焼く匂いがする。［　］
＊(5)から(10)までの漢字は国字。

2 次の漢字を、ア象形文字、イ指事文字、ウ会意文字、エ形声文字、オ国字に分けて、記号で答えなさい。（3点×10）

(1) 明［　］　(2) 本［　］

(3) 車［　］　(4) 河［　］

(5) 化［　］　(6) 草［　］

(7) 耳［　］　(8) 末［　］

(9) 畑［　］　(10) 森［　］

3 次の□にあてはまる漢字を書きなさい。（6点×5）

(1) □吉利（イギリス）

(2) □逸（ドイツ）

(3) □蘭西（フランス）

(4) □西亜（ロシア）

(5) □奈陀（カナダ）

＊漢字の意味に関係なく音だけを借りてきたものを仮借《かしゃ》文字という。

48 中学校で学ぶ小学校漢字の音訓①

合格点 80点
得点　　点

解答 ➡ P.77

1 次の——線の漢字の読みがなを書きなさい。（4点×10）

(1) 手提げかばんを持つ。
＊「提灯」は、ちょうちんと読む。

(2) 貧富の差が激しい。

(3) 納得がいくまで尋ねる。
＊「納豆」の「納」と同じ読み方。

(4) 彼は器の大きい人物だ。

(5) 茶道をたしなむ。

(6) ソファーに座る。

(7) 子どもは授かりものだ。

(8) 許可が要るそうだ。

(9) お話を承る。

(10) 宵の明星が出ている。

2 次の——線のカタカナを漢字に直しなさい。（6点×10）

(1) アヤうく転びかけた。

(2) やり方をクフウする。

(3) タメしにやってみる。

(4) 太平洋にノゾむ展望台。
＊「目の前にする」という意味。

(5) 仲の良いシマイです。

(6) ホしい物が一つある。

(7) シュウショクが決まる。

(8) スバヤい動きで反応する。

(9) 自分の行動をカエリみる。
＊はんせいすること。

(10) オカした罪をつぐなう。

49 同じ部首の漢字を使った熟語

合格点 80点
得点　　点

解答➡P.77

1 次の――線の漢字の読みがなを書きなさい。（4点×10）

(1) 真意は捕捉しがたい。
(2) 薬草を煮《に》出す。
(3) 提携する会社を探す。
(4) 梅林が広がる。
(5) 超越した考え方だ。
(6) 肉を冷凍する。
(7) 継続は力となる。
(8) 強引な手段をとる。
(9) 体に脂肪がつく。
(10) 紡績工場が建つ。

2 次の――線のカタカナを漢字に直しなさい。（6点×10）

(1) 似た二つをハンベツする。　＊部首は「刂(りっとう)」。
(2) チームはユウイに立った。
(3) 貨車でウンソウする。
(4) 役所にキンムする。　＊部首は「力(ちから)」。
(5) ホテルのキャクシツ。
(6) ソウシュンの季節になる。
(7) ロンセツ文を読む。
(8) ショクリンされた山。
(9) しまモヨウの洋服。
(10) 映画のカンソウを語る。

月　日

50 まとめテスト ⑤

合格点 80点
得点　　点

解答 ➡ P.78

1 次の——線の漢字の読みがなを書きなさい。（4点×10）

(1) 子供を育む。〔　〕
(2) 暑さは今が峠だ。〔　〕
(3) 積載量がオーバーだ。〔　〕
(4) 河川のはんらんを防ぐ。〔　〕
(5) 浅薄な人物だ。〔　〕
(6) 苦楽をともにした夫婦。〔　〕
(7) 弟子を導く。〔　〕
(8) 露西亜に行く。〔　〕
(9) 妹を紹介する。〔　〕
(10) 交通網の発達した町。〔　〕

2 次の——線のカタカナを漢字に直しなさい。（6点×10）

(1) キボの大きな工事。〔　〕
(2) チームのシュビは堅い。〔　〕
(3) 在庫のウムを調べる。〔　〕
(4) 友よりユウイに立つ。〔　〕
(5) 出入りをキンシする。〔　〕
(6) 彼はチョメイな詩人だ。〔　〕
(7) センタクの余地がない。〔　〕
(8) 会社にシュウショクする。〔　〕
(9) 話を聞いてナットクする。〔　〕
(10) 種類をハンベツする。〔　〕

月　日

51 送りがな②

合格点 80点
得点 点

解答 ➡ P.78

1 次の――線のカタカナを漢字と送りがなに直しなさい。（5点×10）

(1) カガヤカシイ未来へ。［　　］
(2) 先生をウヤマウ。［　　］
(3) 仏前に花をソナエル。［　　］
(4) 湖面に塔の影がウツル。［　　］
(5) 税金をオサメル。［　　］
(6) 勇気をフルッテ発言する。［　　］
(7) この問題はムズカシイ。［　　］
(8) 父に旅行をススメル。［　　］
(9) 魚がえさにムラガル。［　　］
(10) 外国をオトズレル。［　　］

2 次の――線のカタカナを漢字と送りがなに直しなさい。（5点×10）

(1) 岩をコロガス。［　　］
(2) 行いをアラタメル。［　　］
(3) 人をバカスたぬき。［　　］
(4) 身体をソラス。［　　］
(5) 無事をタシカメル。［　　］
(6) 登頂をココロミル。［　　］
(7) 損害をコウムル。［　　］
(8) タダチニ現場に向かう。［　　］
(9) お経をトナエル。［　　］
(10) 損失分をオギナウ。［　　］

月　日

52 慣用句②

合格点 80点
得点　点
解答 ➡ P.78

1 次の――線の漢字の読みがなを書きなさい。（4点×10）

(1) 失敗して肩身が狭い。〔　〕

(2) 口角あわを飛ばす
*激しい勢いで論じる様子。〔　〕

(3) 新人のくせに頭が高い。
*いばっている様子。〔　〕

(4) 上役の鼻息をうかがう。
*人の機嫌を気に掛けること。〔　〕

(5) 案の定、失敗した。
*「思ったとおり」ということ。〔　〕

(6) 虫の居所が悪い〔　〕

(7) 面目を一新する〔　〕

(8) 口車に乗せる〔　〕

(9) 我を忘れて立ちつくす。〔　〕

(10) 世間の荒波にもまれる。〔　〕

2 次の――線のカタカナを漢字に直し、慣用句を使った文を完成しなさい。（6点×10）

(1) 計画がチュウに浮いた。〔　〕

(2) うわさをコミミにはさむ。〔　〕

(3) 教育にシンケツを注ぐ。〔　〕

(4) 兄弟子のムネを借りる。〔　〕

(5) クニクの策を講じる。
*くるしまぎれの計略。〔　〕

(6) 私の出るマクではない。〔　〕

(7) 金もうけにヨネンがない。
*熱心にする様子。〔　〕

(8) 妻子が路頭にマヨう。〔　〕

(9) 作戦がウラメに出る。
*逆の結果になること。〔　〕

(10) 彼とはコキュウが合う。〔　〕

月　日

53 ことわざ②

合格点 80点
得点　点
解答 ➡ P.78

1 次の——線の漢字の読みがなを書きなさい。（4点×10）

(1) 宝の持ち腐れ 〔　〕
(2) 長幼の序あり 〔　〕
(3) 憎まれっ子世にはばかる 〔　〕
(4) 泡を食う 〔　〕
(5) 多芸は無芸 〔　〕
(6) 情けは人のためならず 〔　〕
(7) 喉元過ぎれば熱さ忘れる 〔　〕
(8) 枯れ木も山のにぎわい 〔　〕
(9) しのぎを削る 〔　〕
*激しく争うこと。
(10) 寄らば大樹の陰 〔　〕

2 次の——線のカタカナを漢字に直しなさい。（6点×10）

(1) ハチクの勢い 〔　〕
(2) 弘法《こうぼう》にもフデの誤り 〔　〕
(3) 風邪はマンビョウのもと 〔　〕
(4) 少年オい易《やす》く、学成り難《がた》し 〔　〕
(5) ヒツヨウは発明の母 〔　〕
(6) アクセン身につかず 〔　〕
*勤労以外でもうけた金のこと。
(7) タイガンの火事 〔　〕
(8) フエ吹けど踊らず 〔　〕
(9) 住めばミヤコ 〔　〕
(10) カホウは寝て待て 〔　〕

54 故事成語

合格点 80点
得点　　点
解答 ➡ P.78

1 次の故事成語の読みがなを書き、意味をあとから選んで［　］に記号で答えなさい。（4点×14）

(1) 他山の石［　　の　　］［　］
(2) 蛇足［　　］［　］
(3) 矛盾［　　］［　］
(4) 守株［　　］［　］
(5) 漁夫の利［　　の　　］［　］
(6) 背水の陣［　　の　　］［　］
(7) 朝三暮四［　　］［　］

ア つじつまが合わないこと。
イ 必死の覚悟をして事にあたること。
ウ 古い習慣にとらわれて進歩がないこと。
エ むだでよけいなつけたし。
オ 口先で相手をごまかすこと。
カ 他人の言動も自分の向上の助けとなること。
キ 第三者が利益を横取りしてしまうこと。

2 次の□に漢字を入れて、故事成語を完成しなさい。（4点×11）

(1) 二人は五十歩□歩だ。
＊本質的に差がないこと。
(2) 彼は大器晩□のタイプだ。
(3) 四□楚《そ》歌の状態になる。
＊周囲がすべて敵であること。
(4) 作文のあとよく□敲《こう》する。
(5) 皮肉にも呉越《ごえつ》□舟になる。
(6) □故知新の気持ちで学ぶ。
＊古きをたずねて新しきを知ること。
(7) 自然界は弱肉強□だ。
(8) 有終の□を飾って去った。
(9) 竜□蛇尾に終わらぬよう。
＊「尾」の対義語が入る。
(10) 蛍《けい》□の功なって卒業する。
＊苦労して学問などをした成果。
(11) 参加者の紅一□だった。
＊多くの男性の中にただ一人の女性がいること。

(1)□ (2)□ (3)□ (4)□ (5)□ (6)□ (7)□ (8)□ (9)□ (10)□ (11)□

55 熟字訓①

合格点 80点
得点　点

解答 ➡ P.78

1 次の――線の漢字の読みがなを書きなさい。（4点×14）

(1) 昨日〔　〕
＊「さくじつ」以外の読み方。

(2) 今朝〔　〕
＊「こんちょう」以外の読み方。

(3) 今年〔　〕
＊「こんねん」以外の読み方。

(4) 部屋〔　〕

(5) 一日〔　〕
＊「いちにち」「いちじつ」以外の読み方。

(6) 二日〔　〕

(7) 一人〔　〕
＊「いちにん」以外の読み方。

(8) 二人〔　〕

(9) 七夕の祭りが行われる。〔　〕

(10) 河原で自然観察をする。〔　〕
＊「川原」とも書く。

(11) 彼は物知り博士だ。〔　〕

(12) 姉さんは大学生です。〔　〕

(13) 遊園地で迷子になる。〔　〕

(14) 八百屋で買い物をする。〔　〕

2 次の――線のカタカナを漢字に直しなさい。（4点×11）

(1) 三人のニイさんがいる。〔　〕

(2) すばらしいケシキだ。〔　〕

(3) 父はメガネをかけている。〔　〕

(4) アスは雨になるらしい。〔　〕
＊音読みは「ミョウニチ」。

(5) 字がヘタで恥ずかしい。〔　〕
＊対義語は「じょうず」。

(6) 谷川のシミズをくむ。〔　〕

(7) 食後にクダモノを食べる。〔　〕

(8) このトケイは正確だ。〔　〕

(9) 下校して家事をテツダう。〔　〕

(10) 一月ハツカが誕生日です。〔　〕

(11) 顔がマッカになった。〔　〕
＊「ッ」は、ひらがなで書く。

56 類義語①

合格点 80点
得点　　点
解答 ➡ P.78

1 次の熟語の類義語を、□に漢字をあてはめて完成しなさい。（5点×10）

(1) 欠点 ＝ □所
(2) 方法 ＝ 手□
(3) 機知 ＝ 気□
(4) 完全 ＝ 無□
(5) 用意 ＝ □備
(6) 永久 ＝ 永□
(7) 一切 ＝ □部
(8) 帰省 ＝ 帰□
*ふるさとに帰ること。
(9) 願望 ＝ □望
(10) 行為 ＝ 行□

2 次の熟語の類義語を、あとの語群から選んで漢字で書きなさい。（5点×10）

(1) 去年〔　〕
(2) 沈着〔　〕
(3) 安全〔　〕
(4) 同意〔　〕
(5) 長所〔　〕
(6) 心配〔　〕
(7) 考査〔　〕
(8) 風習〔　〕
(9) 平素〔　〕
(10) 名手〔　〕

びてん　しけん　たつじん
さくねん　ふあん　さんせい
れいせい　しゅうかん
ぶじ　にちじょう

月　日

57 対義語①

合格点 80点
得点　点

解答 ➡ P.79

1 次の熟語の対義語を、□に漢字をあてはめて完成しなさい。（5点×10）

(1) 死亡 ↕ □存
(2) 複雑 ↕ 単□
(3) 曲線 ↕ □線
(4) 結果 ↕ 原□
(5) 病気 ↕ □康
(6) 反抗 ↕ □従
(7) 縮小 ↕ □大
(8) 固定 ↕ 移□
(9) 破壊 ↕ □設
(10) 濃厚 ↕ 淡□
＊あっさりしていること。

2 次の熟語の対義語を、あとの語群から選んで漢字で書きなさい。（5点×10）

(1) 権利 〔　〕
(2) 快楽 〔　〕
(3) 現実 〔　〕
(4) 反対 〔　〕
(5) 地方 〔　〕
(6) 形式 〔　〕
(7) 敗北 〔　〕
(8) 困難 〔　〕
(9) 失敗 〔　〕
(10) 瞬間 〔　〕

ようい　しょうり　せいこう
ぎむ　えいえん　くつう
りそう　さんせい　ないよう
ちゅうおう

月　日

58 中学校で学ぶ小学校漢字の音訓②

合格点 80点
得点 　点
解答 ➡ P.79

1 次の――線の漢字の読みがなを書きなさい。（4点×10）

(1) 速やかに処理をする。［　］
(2) 至る所で歓迎される。［　］
(3) 幕府を開く。［　］
(4) 早速、運動を始める。［　］
(5) 静脈に注射を打たれる。［　］
(6) 布をはさみで裁つ。［　］
＊「断つ」、「絶つ」も同訓。
(7) 彼を代表者に推す。［　］
(8) 極上の品をいただく。［　］
＊もっとも上等なこと。
(9) 血眼になって人を探す。［　］
(10) 氏神の祭りがある。［　］

2 次の――線のカタカナを漢字に直しなさい。（6点×10）

(1) ごみをショウキャクする。［　］
(2) ウミガメがサンランする。［　］
(3) カセンがはんらんする。［　］
(4) 敵をはさみウちにする。［　］
(5) もみじが夕日にハえる。［　］
(6) 特集にページをサく。［　］
(7) メイロに入りこむ。［　］
＊「メイ」の訓は「まよ‐う」。
(8) イッサイ関知しない。［　］
＊「まったく」という意味。
(9) ウイルスにカンセンする。［　］
(10) かたく口をトざす。［　］

59 まとめテスト ⑥

合格点 80点
得点　点
解答 ➡ P.79

1 次の――線の漢字の読みがなを書きなさい。（4点×10）

(1) 腐っても鯛《たい》 〔　〕
(2) 枯山水を描く。 〔　〕
(3) 速やかに動く。 〔　〕
(4) 矛盾した話をする。 〔　〕
(5) 沈着な判断をする。 〔　〕
(6) 熟れた実が落ちる。 〔　〕
(7) 泡のように消える。 〔　〕
(8) 筆順を調べる。 〔　〕
(9) 私は一切知らない。 〔　〕
(10) ここは削除するべきだ。 〔　〕

2 次の――線のカタカナを漢字に直しなさい。（6点×10）

(1) 夕日にハえる紅葉。 〔　〕
(2) オい先の短い人。 〔　〕
(3) 命令をショウチする。 〔　〕
(4) マッカな花が好きだ。 〔　〕
＊「ッ」はひらがなで書く。
(5) ハチクの勢いだ。 〔　〕
(6) イッシュンの油断。 〔　〕
(7) トセイが混乱する。 〔　〕
(8) ヘタの横好きだ。 〔　〕
(9) マイゴの呼び出し。 〔　〕
(10) ユウシュウの美を飾《かざ》る。 〔　〕

月　日

60 同音異義語②

合格点 80点
得点　　点
解答 ➡ P.79

1 次の□□にあてはまる、あとの〔　〕内の熟語と同じ読み方をする熟語（同音異義語）を書きなさい。（5点×9）

(1) 妹はおとなしい□□だ。〔正確〕〔　　〕
(2) 環境の保護を□□する。〔協調〕〔　　〕
(3) □□の高い芸術作品だ。〔拡張〕〔　　〕
(4) 私の□□教科は数学だ。〔特異〕〔　　〕
(5) 情報を一般に□□する。〔航海〕〔　　〕
(6) 新たな局面が□□する。〔転回〕〔　　〕
(7) 古新聞を□□する。〔改修〕〔　　〕
(8) 動物の□□を研究する。〔修正〕〔　　〕
(9) タンクの□□を調べる。〔要領〕〔　　〕

2 次の――線のカタカナを漢字に直しなさい。（5点×11）

(1)
A 天地を**ソウゾウ**する。〔　　〕
B **ソウゾウ**上の生物。〔　　〕

(2)
A **コウカン**のもてる青年。〔　　〕
B 電池を**コウカン**する。〔　　〕

(3)
A **イギ**ある人生を送る。〔　　〕
B 計画に**イギ**を唱える。〔　　〕

(4)
A **キョウギ**して決定する。〔　　〕
B 陸上**キョウギ**場に行く。〔　　〕

(5)
A 豊かな**カンセイ**がある。〔　　〕
B 大**カンセイ**に包まれる。〔　　〕
C 作品が**カンセイ**した。〔　　〕

61 同訓異字②

合格点 80点
得点　点

解答 ➡ P.79

1 次の□にあてはまる、あとの〔　〕内の漢字と同じ読み方をする漢字(同訓異字)を書きなさい。(5点×9)

(1) 成績向上に□める。〔勤める〕

(2) 早い出発を□む。〔臨む〕

(3) 結婚式を□げる。〔揚げる〕

(4) 荷物を船に□む。〔摘む〕

(5) スイッチを□す。〔推す〕

(6) 草が一面に□える。〔映える〕

(7) 国境を□える。〔肥える〕

(8) 主役が舞台に姿を□す。〔著す〕

(9) チョウが□ぶ。〔跳ぶ〕

2 次の――線のカタカナを漢字に直しなさい。(5点×11)

(1) A 大会が雨でノびた　〔　〕
B 国語の力がノびた。〔　〕

(2) A 新聞に写真がノる。〔　〕
B 自転車にノる。〔　〕

(3) A みんなの前でアヤマる。〔　〕
B 進路の選択をアヤマる。〔　〕

(4) A 家の中で犬をカう。〔　〕
B 店で菓子をカって帰る。〔　〕

(5) A アツい視線を注ぐ。〔　〕
B 彼は友情にアツい。〔　〕
C アツい日が続く。〔　〕

月　日

62 同じ漢字や同じ音の漢字を重ねた熟語

合格点 80点
得点　点

解答 ➡ P.79

1 「人々」（々＝踊り字という）は、同じ漢字を繰り返した熟語です。次の――線のカタカナを漢字に直しなさい。（5点×10）

(1) テンテンと散らばる星。［　］
(2) 住所をテンテンとする。［　］
(3) 世界のクニグニの旗。［　］
(4) ラクラクと登れる山。［　］
(5) ドウドウと考えを述べる。［　］
(6) 自信マンマンの態度。［　］
(7) 坂道がエンエンと続く。［　］
(8) コッコクと変化する。［　］
(9) ヨウヨウと広がる前途。［　］
(10) ソウソウに引き上げる。［　］

2 次の――線のカタカナを漢字に直しなさい。（5点×10）

(1) キュウキュウ車が走る。［　］
(2) シンシンともに健康だ。［　］
(3) 品物をバイバイする。［　］
(4) 作品にメイメイする。［　］
(5) カイカイ式に参列する。［　］
(6) 切手をシュウシュウする。［　］
(7) シュウシュウがつかない。［　］
(8) 太平洋をコウコウする。［　］
(9) ジジ問題を討論する。［　］
(10) シンシン気鋭の作曲家。［　］

月　日

63 四字熟語②

合格点 80点
得点　　点
解答 ➡ P.79

1 次の――線の漢字の読みがなを書きなさい。（4点×10）

(1) 考え方は千差**万別**だ。〔　　〕
(2) 一朝**一夕**にはいかない。〔　　〕
(3) 七転**八倒**の苦しみ。〔　　〕
＊苦しくて、のたうちまわる様子。
(4) 予想は百発**百中**だった。〔　　〕
(5) 人の好みは十人**十色**だ。〔　　〕
(6) **三位**一体の改革。〔　　〕
(7) **一世**一代の大仕事。〔　　〕
(8) **一挙**両得の結果になる。〔　　〕
(9) **一触**即発の事態。〔　　〕
(10) 一《いち》期《ご》**一会**を大切にする。〔　　〕

2 次の□に漢数字を入れて、四字熟語を完成しなさい。（6点×10）

(1) □進□退をくり返す。
(2) □方美人と呼ばれないように。
(3) 一日□秋の思いで待つ。
(4) 二束□文で手に入れた。
(5) □寒□温の気象が続く。
(6) 千客□来のにぎわいだ。
(7) □心不乱に働く。
(8) 予定がこなせず□苦八苦する。
(9) 心機□転、やり直す。
(10) 一石□鳥で得をした。

月　日

64 類義語②

合格点 80点

得点　点

解答 ➡ P.80

1 次の熟語の類義語を、□に漢字をあてはめて完成しなさい。（5点×10）

(1) 改善＝改□

(2) 以降＝以□

(3) 異例＝例□

(4) 景色＝□景

(5) 順調＝□調

(6) 対等＝互□

(7) 了解＝納□

(8) 経由＝通□

(9) 留守＝不□

(10) 親類＝縁□

2 次の熟語の類義語を、あとの語群から選んで漢字で書きなさい。（5点×10）

(1) 普段〔　　〕

(2) 自然〔　　〕

(3) 遺品〔　　〕

(4) 基準〔　　〕

(5) 使命〔　　〕

(6) 測定〔　　〕

(7) 有名〔　　〕

(8) 敬服〔　　〕

(9) 所得〔　　〕

(10) 他国〔　　〕

けいそく　ちょめい　かたみ
てんねん　へいじょう　しゅうにゅう
かんしん　にんむ　いきょう
ひょうじゅん

月　日

65 対義語②

合格点 80点
得点　点
解答 ➡ P.80

1 次の漢字の対義語になる――線のカタカナを漢字に直しなさい。（4点×14）

(1) 明 ↕ アン［　］
(2) 出 ↕ ニュウ［　］
(3) 高 ↕ テイ［　］
(4) 加 ↕ ゲン［　］
(5) 主 ↕ ジュウ［　］
(6) 是 ↕ ヒ［　］
(7) 往 ↕ フク［　］
(8) 公 ↕ シ［　］
(9) 軽 ↕ チョウ［　］
(10) 冷 ↕ ダン［　］
(11) 優 ↕ レツ［　］
(12) 干 ↕ マン［　］
(13) 縦 ↕ オウ［　］
(14) 善 ↕ アク［　］

＊すべて続けて読むと二字の熟語になる。

2 次の熟語の対義語を、あとの語群から選んで漢字で書きなさい。（4点×11）

(1) 運動［　］
(2) 秘密［　］
(3) 特殊［　］
(4) 終了［　］
(5) 客観［　］
(6) 消極［　］
(7) 陰気［　］
(8) 集合［　］
(9) 強制［　］
(10) 消費［　］
(11) 感情［　］

ようき　かいし　せいさん
かいさん　こうかい　しゅかん
せいし　りせい　いっぱん
にんい　せっきょく

月　日

66 熟字訓②

合格点 80点
得点 　点
解答 ➡ P.80

1 次の――線の漢字の読みがなを書きなさい。(4点×10)

(1) 昨日から**風邪**気味だ。〔　〕
(2) **相撲**を見に行く。〔　〕
(3) 和服には**足袋**をはく。〔　〕
(4) **仮名**文字の発明。〔　〕
(5) 青い**芝生**の庭園。〔　〕
(6) **田舎**の駅に降りる。〔　〕
(7) 旅行先で**土産**を買う。〔　〕
(8) **叔母**さんは教師です。〔　〕
(9) 犬の**行方**がわからない。〔　〕
(10) **紅葉**の美しい季節。〔　〕
＊「こうよう」以外の読み方。

2 次の――線のカタカナを漢字に直しなさい。(6点×10)

(1) 彼はとても**マジメ**だ。〔　〕
(2) 早く**オトナ**になりたい。〔　〕
(3) **トウ**さんと出かける。〔　〕
(4) **ココチ**よい風が吹く。〔　〕
(5) **トモダチ**と遊ぶ。〔　〕
(6) 昨日は**サツキバ**れだった。〔　〕
(7) **キョウ**は雨だ。〔　〕
(8) **カア**さんと買い物に行く。〔　〕
(9) 絵の**ジョウズ**な少年。〔　〕
(10) 寒くて顔が**マッサオ**だ。〔　〕
＊「ッ」は、ひらがなで書く。

67 中学校で学ぶ小学校漢字の音訓③

合格点 80点
得点 点
解答 ➡ P.80

1 次の——線の漢字の読みがなを書きなさい。（4点×10）

(1) 大勢が集う場所。［　　］
(2) 面影を追いかける。［　　］
(3) 多くを所望する。［　　］
(4) 失笑を買う。［　　］
(5) 古くからの知己です。［　　］
(6) 丁重に断る。［　　］
(7) 学問を究める。［　　］
(8) りんごを出荷する。［　　］
(9) 真相を探る。［　　］
(10) 事件の発端は何だ。［　　］

2 次の——線のカタカナを漢字に直しなさい。（6点×10）

(1) スナオに従う。［　　］
(2) 金と時間をツイやす。［　　］
(3) 電池をヘイレツにつなぐ。［　　］
(4) 命令にソムく。［　　］
(5) サカんに話しかける。［　　］
(6) 本がイタんでいる。［　　］
(7) 人前でゴウキュウする。［　　］
(8) 真実をオオヤケにする。［　　］
(9) カイドウに沿った店。［　　］
(10) 友人とキソい合う。［　　］

68 まとめテスト ⑦

合格点 80点
得点　　点

解答 ➡ P.80

1 次の――線の漢字の読みがなを書きなさい。（4点×10）

(1) 遺品を整理する。〔　〕
(2) これは一挙両得だ。〔　〕
(3) 相撲界が騒がしい。〔　〕
(4) 足袋を洗う。〔　〕
(5) 隣の芝生は青い。〔　〕
(6) 彼は私の知己だ。〔　〕
(7) 一触即発の状況。〔　〕
(8) 丁重に断る。〔　〕
(9) 多くは所望しない。〔　〕
(10) 要領を得ない話。〔　〕

2 次の――線のカタカナを漢字に直しなさい。（6点×10）

(1) アヤマってすむことか。〔　〕
(2) 身長がノびる。〔　〕
(3) 電池をコウカンする。〔　〕
(4) シンシン気鋭の作曲家。〔　〕
(5) 勝ってカンセイをあげる。〔　〕
(6) 自信マンマンな人。〔　〕
(7) 電池をヘイレツにつなぐ。〔　〕
(8) マジメな性格の人。〔　〕
(9) ユウレツを争う。〔　〕
(10) カイドウ沿いの家。〔　〕

69 仕上げテスト①

合格点 80点
得点　点

解答 ➡ P.80

1 次の三字熟語の□に漢字をあてはめて完成させなさい。（6点×10）

(1) □月花を描く。
(2) 千里□の人。
(3) □頂天になる。
(4) 試金□となる出来事だ。
(5) 違□感を覚える。
(6) あの人は鉄面□だ。
＊あつかましい様子。
(7) 金□塔を打ち立てる。
(8) 殺風□な所だ。
(9) 致命□を負う。
(10) 善後□を練る。

2 次の――線の漢字の読みがなを書きなさい。（4点×10）

(1) 玩具で遊ぶ。
＊「おもちゃ」以外の読み方。
(2) 曖昧な話だ。
(3) 畿内をめぐる旅。
(4) 椅子に座る。
(5) 余暇を楽しむ。
(6) 昔の要塞の名残。
(7) 嫉妬深い性格だ。
(8) 羨ましい生活。
(9) 完璧な作品。
(10) 鳥取県は砂丘が有名だ。

70 仕上げテスト②

合格点 80点
得点 　点

解答 ➡ P.80

1

次の四字熟語の――線のカタカナを漢字に直し、漢字は読みがなを書きなさい。（5点×10）

(1) コウメイ正大な政治。〔　　〕
(2) シヨウ末節にこだわる。〔　　〕
(3) ジガ自賛する。〔　　〕
(4) 大義メイブンを明かす。〔　　〕
(5) タントウ直入に語り出す。〔　　〕
(6) 異口同音に叫ぶ。〔　　〕
(7) 悪口雑言を浴びせる。〔　　〕
(8) 言語道断だ。〔　　〕
(9) 二律背反する命題。〔　　〕
(10) 彼は優柔不断な性格だ。〔　　〕

2

□に適切な漢字を入れて熟語を完成しなさい。（5点×10）

(1) 策・作　A 対□　B □戦
(2) 携・掲　A □行　B □示
(3) 揮・輝　A 発□　B 光□
(4) 警・形　A □勢　B □察
(5) 講・構　A □築　B □堂
(6) 検・険　A 冒□　B □眼
(7) 尋・尽　A □問　B □力
(8) 壁・璧　A 絶□　B 双□
(9) 泡・抱　A □負　B 水□
(10) 壊・懐　A □古　B 崩□

解答編

漢字・語句1年

1

❶
(1)いとな
(2)やさ
(3)さか
(4)きんし
(5)せきにん
(6)こんざつ
(7)やまざくら
(8)しゅちょう
(9)さらいねん
(10)しょうひぜい

注意 (9)「再」は「さい」ではなく「さ」。

❷
(1)結　(2)借
(3)祝　(4)成功
(5)便利　(6)辞典
(7)約束　(8)参加
(9)満開　(10)選挙

2

❶
(1)めいあん
(2)かち
(3)かんそう
(4)しょくじゅ
(5)うちゅう
(6)つうか
(7)わかば
(8)おうふく

❷
(1)習　(2)決
(3)所　(4)進
(5)転　(6)料

注意 (5)「回転」「転回」のように、上下を入れ替えた別の熟語もある。

3

❶
(1)もと
(2)まず
(3)ゆた
(4)かこう
(5)しゅうい
(6)きずぐち
(7)ほね
(8)ぎんが
(9)じょうしゃけん
(10)ぶんかざい

❷
(1)夢　(2)笑
(3)群　(4)印刷
(5)山脈　(6)幹
(7)険　(8)志
(9)犯罪　(10)預金

注意 (3)「郡」と書かないように。

4

❶
(1)けんきゅうはっぴょう
(2)てんきよほう
(3)そつぎょうしょうしょ
(4)じんこうえいせい
(5)しぜんほご
(6)でんとうげいのう
(7)げんいんふめい
(8)そうりだいじん

❷
(1)案　(2)設
(3)果　(4)産
(5)民　(6)圧
(7)熱　(8)省
(9)害　(10)独
(11)防

5

❶
(1)おうこう
(2)ぎふ
(3)おくない
(4)たぐい
(5)あまおと
(6)さいたま
(7)ゆうえき
(8)はず
(9)くまもとじょう
(10)はぐく

注意 (5)「あめおと」と読まない。

❷
(1)逆転
(2)週刊誌
(3)拡張　(4)派手
(5)温暖　(6)異議
(7)香水　(8)奈良
(9)序　(10)沖

注意 (2)「誌」は「紙」ではない。

6

❶
(1)けんぶん
(2)はけん
(3)へいこう
(4)ようち
(5)ぜつみょう
(6)ぬ
(7)きっぽう
(8)きんきょう
(9)はへん
(10)いりょく

注意 (2)「遣」は「遺」ではない。

❷
(1)おさ
(2)もも
(3)だれ
(4)すぎ
(5)いす
(6)やみ
(7)はなぐも
(8)せたけ
(9)かんせい
(10)たな

7

❶
(1)えいり
(2)もど
(3)そくせき
(4)せんちゃ
(5)ふきょう
(6)じんぞう
(7)ぞうげ
(8)やっかい
(9)びんせん
(10)つゆ

❷
(1)にじ
(2)ぼくじゅう
(3)かぎ
(4)ざんしん
(5)ひめ
(6)おれ
(7)とうげ
(8)ちかく
(9)たましい
(10)ほほば

注意 (8)「殻」を「から」としない。

解答

8

❶ (1)初夏 (2)支持 (3)芸能 (4)従事 (5)任務 (6)失調 (7)加減 (8)習慣 (9)検討 (10)招待

注意 (9)「険・剣」、(10)「紹・召」としないように。

❷ (1)穴 (2)経 (3)狩 (4)幼 (5)延 (6)皿 (7)飼 (8)応 (9)尊 (10)要

注意 (5)時間や期間がのびる場合には「延」、引っぱられてのびる場合には「伸」を使う。(8)「答える」としないように。

9

❶ (1)誤解 (2)改修 (3)評判 (4)磁石 (5)条件 (6)先刻 (7)街頭 (8)標高 (9)座右 (10)優勝

注意 (1)「誤」を「娯」、(8)「標」を「漂」としないように。

❷ (1)机 (2)頂 (3)株 (4)泉 (5)源 (6)畑 (7)蚕 (8)沿道 (9)箱 (10)絹

注意 (2)「いただく」の場合は「頂く」と送りがながつく。

10

❶ (1)Aしきし Bいろがみ (2)Aいちじ Bひととき（いっとき） (3)Aせいぶつ Bなまもの (4)Aしじょう Bいちば (5)Aじんじ Bひとごと (6)Aしょにち Bはつひ (7)Aふうしゃ Bかざぐるま

❷ (1)大木 (2)新聞 (3)家庭 (4)前後 (5)住人 (6)納品 (7)暖冬 (8)補強 (9)腕力 (10)帰港 (11)重傷

11

❶ (1)体・にんべん (2)割・りっとう (3)草・くさかんむり (4)悲・こころ (5)店・まだれ (6)進・しんにょう (7)国・くにがまえ

❷ (1)かほう (2)ちかみち (3)かいへい (4)ねつれつ (5)こうてつ (6)ぐんぶ (7)せいけつ (8)ぎょこう (9)とうろん (10)おんけい (11)ゆきぐも

12

❶ (1)一 (2)二 (3)七 (4)九 (5)四 (6)六 (7)五 (8)四 (9)六 (10)五

注意 (1)「有」は「右」と同じく、はらいを先に書く。

❷ (1)10 (2)9 (3)23 (4)5 (5)13 (6)7 (7)12 (8)17 (9)8 (10)6 (11)18 (12)10 (13)11 (14)16 (15)12 (16)13 (17)7 (18)12 (19)15 (20)14

注意 「辶」は3画、「糹」は6画。

13

❶ (1)たて (2)ぎょがん (3)うもう (4)はなみず (5)ちくば (6)たが (7)かわしも (8)ぎゅうば (9)もん (10)こう

❷ (1)百 (2)末 (3)天 (4)上下

注意 指事文字の数は少ない。

❸ (1)羊 (2)手刀 (3)弓矢 (4)耳 (5)丘 (6)角

注意 (1)〜(6)すべて象形文字である。

14

❶ (1)やみ (2)どんてん (3)みっぺい (4)ふしょう (5)ぐんま (6)しょうたい (7)ざんしん (8)すいぼくが (9)かぎ (10)はけん

❷ (1)印刷 (2)文化財 (3)城下町 (4)温暖 (5)穴 (6)異議 (7)序論 (8)要 (9)評判 (10)支持

15

❶
(1)ひろう
(2)じしん
(3)かんげい
(4)しょうかい
(5)えんりょ
(6)かどう
(7)よくよう
(8)ふくつう
(9)みっちゃく
(10)あんたい

注意
(5)「遠慮」には「遠い将来のことまでよく考える」という意味がある。

❷
(1)ころ
(2)てがら
(3)くのう
(4)おせん
(5)きょうじゅん
(6)えりもと
(7)か
(8)さえぎ
(9)いちじる
(10)ちょうえつ

16

❶
(1)こころよ
(2)いと
(3)てきかく
(4)がんこ
(5)ひかげ
(6)ねんりき
(7)ふる
(8)ねぞう
(9)しずく
(10)そ

❷
(1)しょっかく
(2)きょうたん
(3)こうりょう
(4)たくいつ
(5)あわ
(6)けいさい
(7)たんさく
(8)かいぎてき
(9)もよお
(10)ちゅうりん

17

❶
(1)勤勉
(2)異論
(3)交易
(4)格納庫
(5)画像
(6)強引
(7)育児
(8)貧弱
(9)都合
(10)時候

❷
(1)通
(2)済
(3)秘
(4)蒸
(5)報
(6)忘
(7)閉
(8)並
(9)拝
(10)負

18

❶
(1)知能
(2)従順
(3)変則
(4)紅花
(5)存在
(6)試
(7)委任
(8)博識
(9)殺菌
(10)省

❷
(1)米俵
(2)覚
(3)滋養
(4)生態系
(5)汽笛
(6)悲劇
(7)協調
(8)射程
(9)警察官
(10)郷土

19

❶
(1)氵・さんずい
(2)冫・にすい
(3)礻・しめすへん
(4)忄・りっしんべん
(5)犭・けものへん
(6)穴・あなかんむり
(7)月・にくづき
(8)言・ごんべん
(9)阝・おおざと
(10)灬・れんが（れっか）

❷
(1)幻 4
(2)臨 18
(3)競 20
(4)鳴 14
(5)矛 5
(6)延 8
(7)護 20
(8)蔵 15
(9)列 6
(10)耕 10

注意
右の解答の下の数字は、総画数。

20

❶
(1)Aげんそう　Bようじ
(2)Aなえ　Bふえ
(3)Aてちょう　Bは
(4)Aさいわ　Bから
(5)Aとくちょう　Bびねつ
(6)Aこうふん　Bだっかい
(7)Aしゃくど　Bつうやく　Cせんたく

❷
(1)A論理　B教諭
(2)A徒歩　B従事
(3)A輸送　B車輪
(4)A未来　B月末
(5)A新緑　B縁起　C録画

21

❶
(1)い
(2)ちょう
(3)ご
(4)ひ
(5)しん
(6)てき
(7)へん
(8)はん
(9)しょう
(10)ろう
(11)ぞう
(12)ゆ
(13)のう
(14)き
(15)こう

❷
(1)A不孝　B思考
(2)A低空　B海底
(3)A副賞　B幸福
(4)A管理　B退官　C館
(5)A構造　B講習

22

❶
(1)信 (2)岩
(3)曇 (4)鳴
(5)男 (6)美
(7)劣 (8)看

注意 (6)(8)のように、少し形が変わることがあるので気をつける。

❷
泳 創 管 忘 飯
個 指 (順不同)
(館・忙・仮・箇も正解)

❸
(1)経過 (2)拡声
(3)直径 (4)軽快
(5)精神 (6)机
(7)快晴 (8)清潔
(9)資格 (10)内閣

注意 (1)(3)(4)は「圣」が音を表す。

23

❶
(1)いど
(2)きょうたん
(3)よくせい
(4)ねんりき
(5)さえぎ
(6)ろうどく
(7)えり
(8)れっとうかん
(9)だっしゅ
(10)から

❷
(1)快適
(2)徒歩
(3)土俵
(4)協調
(5)経過
(6)管理
(7)輸入
(8)親孝行
(9)勤勉
(10)知能

24

❶
(1)よご
(2)しょうこうぐち
(3)じくあし
(4)けっかんけい
(5)しんしゅくじざい
(6)かんげん
(7)たんさいぼう
(8)みりょく
(9)ひかく
(10)けんめい

❷
(1)いっしゅん
(2)そくざ
(3)か
(4)がくかんせつ
(5)かね
(6)ろしゅつ
(7)つ
(8)そくばく
(9)おくち
(10)ため

25

❶
(1)しゅうさい
(2)めずら
(3)してき
(4)きょうい
(5)ちょしゃ
(6)すなあらし
(7)ゆうすず
(8)とくちょう
(9)じょうきょう
(10)あいまい

❷
(1)すす
(2)はあく
(3)そうい
(4)べっし
(5)しはら
(6)しんさい
(7)せいじゃく
(8)あざ
(9)ひがい
(10)こわ

26

❶
(1)館
(2)平均的
(3)痛
(4)腹話術
(5)垂直
(6)寸借
(7)苦節
(8)遊歩道
(9)望外
(10)訳

❷
(1)放 (2)筋
(3)変革 (4)業績
(5)鮮度 (6)棒
(7)保育士
(8)巻頭 (9)縮小
(10)晩飯

注意 (4)「積」としないように。
(9)「少」としないように。

27

❶
(1)絶景
(2)画期的
(3)拡大鏡
(4)専攻
(5)難題
(6)遺書
(7)案外
(8)宣言
(9)課税
(10)方針

注意 (2)「活気」としないように。

❷
(1)破損
(2)寸法
(3)説得力
(4)展望
(5)俳句
(6)腹
(7)出版
(8)誠意
(9)補足
(10)形相

28

❶
(1)さっぷうけい
(2)どうこうかい
(3)けしょうだい
(4)ぶきみ
(5)ちょうおんぱ
(6)じょうりょくじゅ
(7)せきらんうん
(8)だいじょうぶ
(9)るすばん
(10)さいこうび

❷
(1)飛行士
(2)徒競走
(3)観客席
(4)図書館
(5)卒業式
(6)不思議
(7)真正面
(8)進行係
(9)出来事
(10)無重力

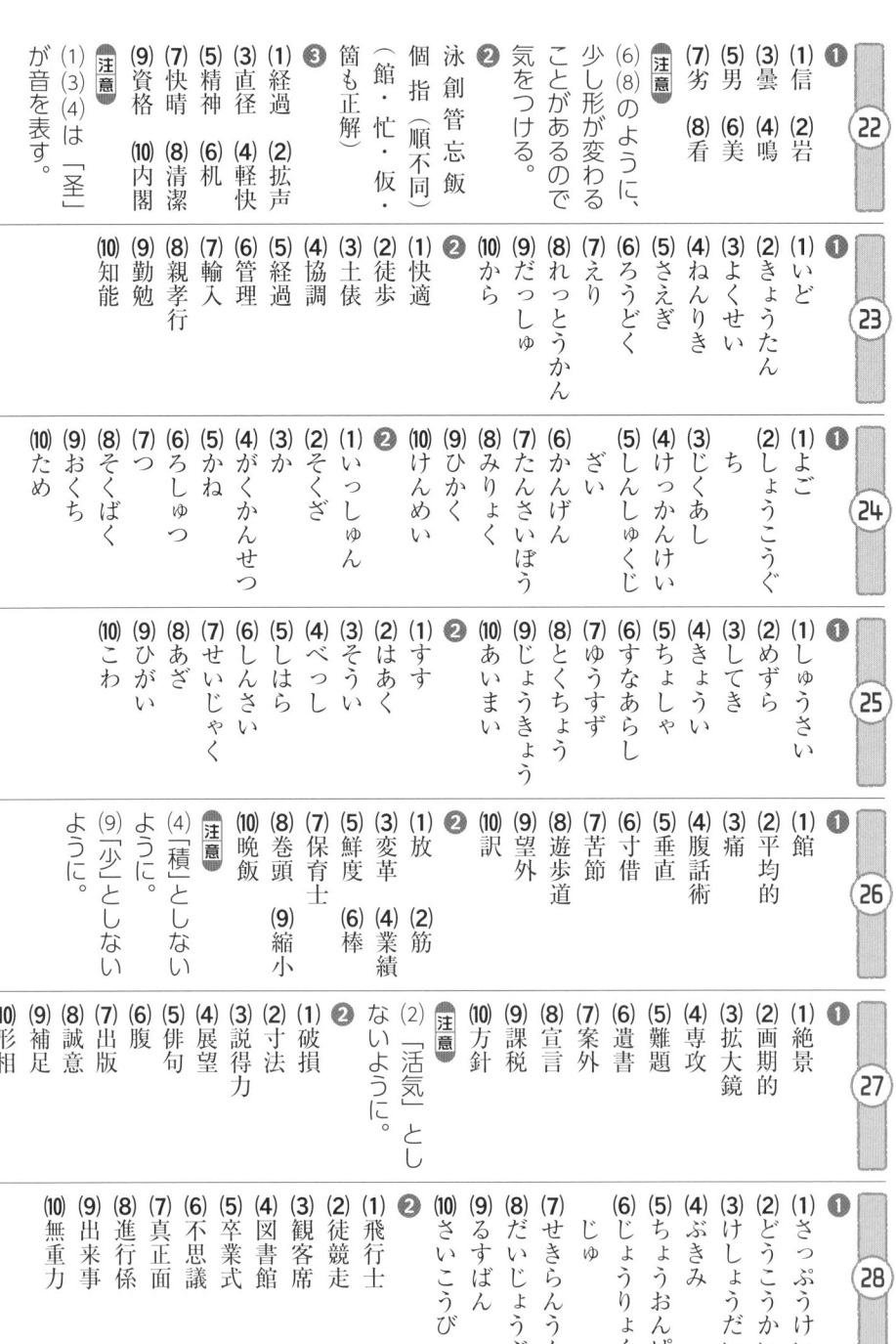

29

❶
(1)いっしょうけんめい
(2)じこしょうかい
(3)せいこうどく
(4)ちゅうせいせんざい
(5)あいべつりく
(6)たかくけいえい
(7)はんしんはんぎ
(8)そういくふう
(9)さいさんさいし
(10)しんらばんしょう
(11)でんこうせっか

❷
(1)歩道　(2)勝利
(3)勝手　(4)児童
(5)単刀　(6)絶命
(7)月歩　(8)前後

注意
(5)「短刀」としないように。

30

❶
(1)Aつごう　Bとしん
(2)Aさいげつ　Bせいぼ
(3)Aじゃぐち　Bだそく
(4)Aけいしき　Bかたみ
(5)Aびょうどう　Bへいき
(6)Aしぜん　Bてんねん
(7)Aとくほん　Bどくは　Cくとうてん

❷
(1)A率先B比率
(2)A興奮B興味
(3)A定規B定職
(4)A治安B政治
(5)A総合B合戦C合作

31

❶
(1)Aみちばた　Bはし
(2)Aゆか　Bとこ
(3)Aつら　Bつ
(4)Aふ　Bま
(5)Aく　Bた
(6)Aふ　Bさわ
(7)Aひ　Bはず　Cたま

❷
(1)通　(2)細
(3)好　(4)着
(5)降　(6)閉
(7)著　(8)映

注意
(8)Aうつす、Bはえる

32

❶
(1)はず
(2)みりょく
(3)か
(4)そくばく
(5)そくざ
(6)めずら
(7)ぶきみ
(8)あいまい
(9)ふきょう
(10)せいじゃく

注意
(7)「無気味」とも書く。

❷
(1)放　(2)棒
(3)興奮　(4)画期的
(5)専攻　(6)誤解
(7)率先　(8)治安
(9)誠意　(10)説得力

33

❶
(1)るいしん
(2)みあ
(3)く
(4)りしゅう
(5)りえん
(6)はくせい
(7)せんぱい
(8)とら
(9)くちびる
(10)こうえつ

❷
(1)しりょ
(2)めいゆう
(3)ゆうちょう
(4)ほうこうざい
(5)ゆうわく
(6)むじゅん
(7)かんめい
(8)さと
(9)めつぼう
(10)しょうだん

34

❶
(1)臨界
(2)舌戦
(3)牙
(4)面通
(5)洗脳
(6)徒党
(7)横断幕
(8)密約
(9)困難
(10)器量

注意
(1)「臨海」としないように。

❷
(1)音域　(2)土蔵
(3)小康　(4)工面
(5)革新　(6)翌日
(7)誕生　(8)象徴
(9)臓器　(10)諸君

注意
(5)「確信」としない。

35

❶
(1)尊い
(2)短い
(3)少ない
(4)逆らう
(5)敗れる
(6)細かい
(7)曲がる
(8)連なる
(9)挙げて
(10)蓄える

注意
(10)「貯える」もよい。

❷
(1)耕す
(2)省く
(3)暖かい
(4)冷める
(5)委ねる
(6)率いて
(7)快い
(8)除く
(9)預ける
(10)退く

36

❶
(1)まいきょ
(2)あい
(3)てしお
(4)とほう
(5)いちじつ
(6)あま
(7)いちもく
(8)なみだ
(9)そ
(10)した

注意
(7)「一目見る」という場合は、「ひとめ」と読む。

❷
(1)腹　(2)歯
(3)口　(4)腕
(5)目　(6)耳
(7)頭　(8)足
(9)首　(10)鼻

注意
(10)「鼻」の上部は「自」。白は誤り。

37

❶
(1)わた
(2)こうみょう
(3)ひより
(4)ほうべん
(5)えん
(6)しょうこ
(7)うでお
(8)りょうやく
(9)しそん
(10)たましい

❷
(1)転
(2)念仏
(3)固
(4)医者
(5)二階
(6)下
(7)楽
(8)善
(9)積
(10)損気

38

❶
(1)さんか
(2)きこう
(3)きょうか
(4)きんし
(5)こうい
(6)しょうか
(7)てんしん
(8)じこう
(9)たんとう
(10)しりょく
(11)いがい
(12)いらい
(13)かさい
(14)はっこう
(15)かいそう

❷
(1)A快晴B改正
(2)A解答B回答
(3)A指示B支持
(4)A器械B機会
(5)A週刊B習慣
C週間

39

❶
(1)か(える)
(2)かえ(る)
(3)さ(く)
(4)そな(える)
(5)す(む)
(6)な(る)
(7)よ(い)
(8)やぶ(れる)
(9)ま(ぜる)
(10)ふる(う)
(11)し(める)
(12)きわ(める)
(13)か(る)
(14)おく(る)
(15)かた(い)

❷
(1)A昇　B登
(2)A明　B開
(3)A負　B追
(4)A聞　B効
(5)A写　B映
C移

40

❶
(1)土・つちへん
(2)弓・ゆみへん
(3)馬・うまへん
(4)⺮・たけかんむり
(5)廴・えんにょう
(6)疒・やまいだれ
(7)門・もんがまえ
(8)灬・れんが(れっか)
(9)忄・りっしんべん
(10)阝・こざとへん

❷
(1)満潮　(2)地域
(3)組織　(4)明暗
(5)神社　(6)燃焼
(7)速達　(8)認識
(9)強弱　(10)観覧

41

❶
(1)さと
(2)しりょ
(3)まいきょ
(4)したさき
(5)かんめい
(6)ゆうちょう
(7)むじゅん
(8)かいしゅう
(9)こうみょう
(10)そこ

❷
(1)小康　(2)養生
(3)大器　(4)臨界
(5)功　(6)臓器
(7)心機　(8)手探
(9)密約　(10)耕

注意
(4)「臨海」は誤り。(7)「心気」、「新規」は誤り。

42

❶
(1)Aけんけつ
Bこんだて
(2)Aおんけい
Bちえ
(3)Aふきつ
Bだいきち
(4)Aしょうこ
Bこんきょ
(5)Aじゅうどう
Bにゅうわ
(6)Aはくしゅ
Bひょうし
(7)Aしてい
Bきょうだい
Cでし

❷
(1)A留守B守備
(2)A言論B無言
(3)A頭痛B年頭
(4)A模型B規模
(5)A分割B分別
C五分

43

❶
(1) A よご B きたな
(2) A し B うらな
(3) A さば B た
(4) A は B はじ
(5) A たよ B たの
(6) A おく B おそ
(7) A ひ B さ C つめ

注意 特に、(4)Aの送りがなに注意。

❷
(1) 育 (2) 訪
(3) 探 (4) 初
(5) 混 (6) 負
(7) 交 (8) 苦

44

❶
(1) A はけん B いさん
(2) A してき B すいてき
(3) A さんちょう B こうもく
(4) A とまど B かんどう
(5) A こうてつ B あみめ

❷
(1) A 署名 B 著名
(2) A 家賃 B 貨物
(3) A 境界 B 眼鏡
(4) A 線路 B 綿密
(5) A 住宅 B 往復

45

❶
(1) きん
(2) かい
(3) かく
(4) か
(5) へき
(6) さい
(7) しょ
(8) たく
(9) せん
(10) せい
(11) しょう

❷
(1) A 問 B 門
(2) A 績 B 積
(3) A 識 B 織
(4) A 検 B 険
(5) A 復 B 複
(6) A 測 B 側
(7) A 帳 B 張

注意 ほかに(4)験・倹、(5)腹なども使い分けよう。

46

❶
(1) 別・りっとう
(2) 亡・なべぶた
(3) 究・あなかんむり
(4) 開・もんがまえ
(5) 斜・とます
(6) 引・ゆみへん
(7) 笑・たけかんむり
(8) 打・てへん
(9) 広・まだれ
(10) 院・こざとへん

注意 (4)「問」は「口」、「聞」は「耳」である。

❷
(1) 行・ぎょうがまえ
(2) 隹・ふるとり
(3) 走・そうにょう
(4) 頁・おおがい
(5) 皿・さら
(6) 言・ごんべん
(7) 攵・のぶん
(8) 耂・おいかんむり
(9) 彡・さんづくり
(10) 阝・おおざと

47

❶
(1) せいがくか
(2) くらく
(3) す
(4) あめりか
(5) いんど
(6) はたら
(7) とうげ
(8) こ
(9) とちぎけん
(10) にお

❷
(1) ウ (2) イ
(3) ア (4) エ
(5) イ (6) エ
(7) ア (8) イ
(9) オ (10) ウ

❸
(1) 英 (2) 独
(3) 仏 (4) 露
(5) 加

注意 六書《りくしょ》のうち、転《てん》注《ちゅう》と仮借《かしゃ》は使い方による分類。

48

❶
(1) てさ
(2) ひんぷ
(3) なっとく
(4) うつわ
(5) さどう
(6) すわ
(7) さず
(8) い
(9) うけたまわ
(10) みょうじょう

❷
(1) 危 (2) 工夫
(3) 試 (4) 臨
(5) 姉妹 (6) 欲
(7) 就職 (8) 素早
(9) 省 (10) 犯

注意 (9)は「顧みる」という漢字もあるが、中学3年で学ぶ。

49

❶
(1) ほそく
(2) やくそう
(3) ていけい
(4) ばいりん
(5) ちょうえつ
(6) れいとう
(7) けいぞく
(8) ごういん
(9) しぼう
(10) ぼうせき

注意 (1)「捕」も「捉」も「とらえる」と読む。

❷
(1) 判別 (2) 優位
(3) 運送 (4) 勤務
(5) 客室 (6) 早春
(7) 論説 (8) 植林
(9) 模様 (10) 感想

注意 (6)部首は「日」。

50

❶
(1)はぐく
(2)とうげ
(3)せきさい
(4)かせん
(5)せんぱく
(6)くらく
(7)でし
(8)ろしあ
(9)しょうかい
(10)こうつうもう

❷
(1)規模
(2)守備
(3)有無
(4)優位
(5)禁止
(6)著名
(7)選択
(8)就職
(9)納得
(10)判別

51

❶
(1)輝かしい
(2)敬う
(3)供える
(4)映る
(5)納める
(6)奮って
(7)難しい
(8)勧める
(9)群がる
(10)訪れる

❷
(1)転がす
(2)改める
(3)化かす
(4)反らす
(5)確かめる
(6)試みる
(7)被る
(8)直ちに
(9)唱える
(10)補う

52

❶
(1)かたみ
(2)こうかく
(3)ず
(4)はないき
(5)じょう
(6)いどころ
(7)めんぼく（めんもく）
(8)くちぐるま
(9)われ
(10)あらなみ

❷
(1)宙
(2)小耳
(3)心血
(4)胸
(5)苦肉
(6)幕
(7)余念
(8)迷
(9)裏目
(10)呼吸

53

❶
(1)ぐさ
(2)じょ
(3)にく
(4)あわ
(5)むげい
(6)なさ
(7)のどもと
(8)か
(9)けず
(10)かげ

注意 (1)濁音にすること。

❷
(1)破竹
(2)筆
(3)万病
(4)老
(5)必要
(6)悪銭
(7)対岸
(8)笛
(9)都
(10)果報

54

❶
(1)たざん（の）いし・カ
(2)だそく・エ
(3)むじゅん・ア
(4)しゅしゅ・ウ
(5)ぎょふ（の）り・キ
(6)はいすい（の）じん・イ
(7)ちょうさんぼし・オ

❷
(1)百
(2)成
(3)面
(4)推
(5)同
(6)温
(7)食
(8)美
(9)頭
(10)雪
(11)点

55

❶
(1)きのう
(2)けさ
(3)ことし
(4)へや
(5)ついたち
(6)ふつか
(7)ひとり
(8)ふたり
(9)たなばた
(10)かわら
(11)はかせ
(12)ねえ
(13)まいご
(14)やおや

❷
(1)兄
(2)景色
(3)眼鏡
(4)明日
(5)下手
(6)清水
(7)果物
(8)時計
(9)手伝
(10)二十日
(11)真っ赤

56

❶
(1)短
(2)段
(3)転
(4)欠
(5)準
(6)遠
(7)全
(8)郷
(9)希
(10)動

❷
(1)昨年
(2)冷静
(3)無事
(4)賛成
(5)美点
(6)不安
(7)試験
(8)習慣
(9)日常
(10)達人

57

❶
(1) 生
(2) 純
(3) 直
(4) 因
(5) 健
(6) 服
(7) 拡
(8) 動
(9) 建
(10) 白

❷
(1) 義務
(2) 苦痛
(3) 理想
(4) 賛成
(5) 中央
(6) 内容
(7) 勝利
(8) 容易
(9) 成功
(10) 永遠

58

❶
(1) すみ
(2) いた
(3) ばくふ
(4) さっそく
(5) じょうみゃく
(6) た
(7) お
(8) ごくじょう
(9) ちまなこ
(10) うじがみ

❷
(1) 焼却
(2) 産卵
(3) 河川
(4) 撃
(5) 映
(6) 割
(7) 迷路
(8) 一切
(9) 感染
(10) 閉

59

❶
(1) くさ
(2) かれさんすい（かれせんずい）
(3) すみ
(4) むじゅん
(5) ちんちゃく
(6) う
(7) あわ
(8) ひつじゅん
(9) いっさい
(10) さくじょ

❷
(1) 映
(2) 老
(3) 承知
(4) 真っ赤
(5) 破竹
(6) 一瞬
(7) 都政
(8) 下手
(9) 迷子
(10) 有終

60

❶
(1) 性格
(2) 強調
(3) 格調
(4) 得意
(5) 公開
(6) 展開
(7) 回収
(8) 習性
(9) 容量

❷
(1) A 創造　B 想像
(2) A 好感　B 交換
(3) A 意義　B 異議
(4) A 協議　B 競技
(5) A 感性　B 歓声　C 完成

注意
(3)B「異義」としないように。

61

❶
(1) 努
(2) 望
(3) 挙
(4) 積
(5) 押
(6) 生
(7) 越
(8) 現
(9) 飛

❷
(1) A 延　B 伸
(2) A 載　B 乗
(3) A 謝　B 誤
(4) A 飼　B 買
(5) A 熱　B 厚　C 暑

62

❶
(1) 点々
(2) 転々
(3) 国々
(4) 楽々
(5) 堂々
(6) 満々
(7) 延々
(8) 刻々
(9) 洋々
(10) 早々

❷
(1) 救急
(2) 心身（身心）
(3) 売買
(4) 命名
(5) 開会
(6) 収集
(7) 収拾
(8) 航行
(9) 時事
(10) 新進

注意
(1)(3)(6)などは上下を逆にしがちである。

63

❶
(1) ばんべつ
(2) いっせき
(3) ばっとう
(4) ひゃくちゅう
(5) といろ
(6) さんみ
(7) いっせ
(8) いっきょ
(9) いっしょく
(10) いちえ

❷
(1) 一・一
(2) 八
(3) 千
(4) 三
(5) 三・四
(6) 万
(7) 一
(8) 四
(9) 一
(10) 二

解答

64

❶ (1)良 (2)後 (3)外 (4)風 (5)好 (6)角 (7)得 (8)過 (9)在 (10)者

❷ (1)平常 (2)天然 (3)形見 (4)標準 (5)任務 (6)計測 (7)著名 (8)感心 (9)収入 (10)異郷

注意 (1)「平状」(3)「形身」は誤り。(8)「関心」や「歓心」と書かないように注意する。

65

❶ (1)暗 (2)入 (3)低 (4)減 (5)従 (6)非 (7)復 (8)私 (9)重 (10)暖 (11)劣 (12)満 (13)横 (14)悪

注意 それぞれの漢字の訓読みも考える。

❷ (1)静止 (2)公開 (3)一般 (4)開始 (5)主観 (6)積極 (7)陽気 (8)解散 (9)任意 (10)生産 (11)理性

注意 (5)(6)(10)などは、よく出題されるので、確実に覚えること。

66

❶ (1)かぜ (2)すもう (3)たび (4)かな (5)しばふ (6)いなか (7)みやげ (8)おば (9)ゆくえ (10)もみじ

❷ (1)真面目 (2)大人 (3)父 (4)心地 (5)友達 (6)五月晴 (7)今日 (8)母 (9)上手 (10)真っ青

67

❶ (1)つど (2)おもかげ (3)しょもう (4)しっしょう (5)ちき (6)ていちょう (7)きわ (8)しゅっか (9)さぐ (10)ほったん

❷ (1)素直 (2)費 (3)並列 (4)背 (5)盛 (6)傷 (7)号泣 (8)公 (9)街道 (10)競

注意 (3)は「平列」、(4)は「反」、(6)は「痛」と間違えないこと。

68

❶ (1)いひん (2)いっきょ (3)すもう (4)たび (5)しばふ (6)ちき (7)いっしょくそくはつ (8)ていちょう (9)しょもう (10)ようりょう

❷ (1)謝 (2)伸 (3)交換 (4)新進 (5)歓声 (6)満々 (7)並列 (8)真面目 (9)優劣 (10)街道

69

❶ (1)雪 (2)眼 (3)有 (4)石 (5)和 (6)皮 (7)字 (8)景 (9)傷 (10)策

❷ (1)がんぐ (2)あいまい (3)きない (4)いす (5)よか (6)ようさい (7)しっと (8)うらや (9)かんぺき (10)とっとり

注意 (9)「璧」は「たま」のこと。「壁」ではない。

70

❶ (1)公明 (2)枝葉 (3)自画 (4)名分 (5)単刀 (6)いく (7)ぞうごん (8)ごんご (9)はいはん (10)ゆうじゅう

注意 (7)「あっこうぞうごん」と読む。

❷ (1)A策 B作 (2)A携 B掲 (3)A揮 B輝 (4)A形 B警 (5)A構 B講 (6)A険 B検 (7)A尋 B尽 (8)A壁 B璧 (9)A抱 B泡 (10)A懐 B壊